韓愈詩初探

李卓藩著

文史哲學集成
文史哲出版社印行

國家圖書館出版品預行編目資料

韓愈詩初探 / 李卓藩著.-- 初版.-- 臺北市：文
　史哲,民 88
　　面；　公分.--(文史哲學集成 ; 405)
　參考書目：面
　ISBN 957-549-198-X (平裝)

　1.（唐）韓愈 - 作品研究　2.中國詩 - 唐（618-
907）- 評論

851.4417　　　　　　　　　　　　　　88003495

文史哲學集成 ⑤

韓愈詩初探

著　　　者：李　　卓　　藩
出　版　者：文　史　哲　出　版　社
登記證字號：行政院新聞局版臺業字五三三七號
發　行　人：彭　　　正　　　雄
發　行　所：文　史　哲　出　版　社
印　刷　者：文　史　哲　出　版　社
　　　　　臺北市羅斯福路一段七十二巷四號
　　　　　郵政劃撥帳號：一六一八〇一七五
　　　　　電話 886-2-23511028・傳眞 886-2-23965656

實價新臺幣三〇〇元

中　華　民　國　八　十　八　年　四　月　初　版

版權所有・翻印必究
ISBN 957-549-198-X

香港浸會大學
HONG KONG BAPTIST UNIVERSITY

From the President and Vice-Chancellor

校長：謝志偉博士

Daniel C. W. Tse
C.B.E., Ph.D., LL.D., D.Sos.Sc., D Univ., J.P.

李君卓藩大作「韓愈詩初探」出版慶誌

嘉 惠 士 林

香港浸會大學校長

謝志偉 敬題

香港　九龍塘 Kowloon Tong, Hong Kong　電話 Tel : (852) 2339 7500　傳真 Fax : (852) 2339 7374　電郵 E-mail : dcwtse@hkbu.edu.hk

昌黎先生集考異卷第二

第四卷

古詩

劉生詩
詩或無字。○軒輊 輊或作軥。○暨揚 暨或作炰。○炎州 作州或青鯨

鯨或作鯢。今按靑義莽遭以食名曰山慘或國後人 鰍或作魬。未詳疑是長字之誤

慘
慘或有人作獠非是方云餘袒身捕蝦蟛蜋以食名曰山慘或國怪魅作魅或堆蛟推西方國 慘有人作獠非是 作魅或堆蛟推西方國

猩游
猩或作愁方云此詩二游字視古用韻後二人 游字二游或作愁方云此詩二游字視古用韻後人

一餉
餉或作飽非是

鄭羣贈簟
羣當以待御史 簟作簟或簟眼作盡或無 竹作筕庶幾有時均可擊閣本 庶幾有時

時衰
衰閩本無時作咋無方云選溜嵒詩庶幾有時恐非。今按閣本無理時

昌黎先生文集卷第五

辛卯年雪一首

元和六年春寒氣不肯歸河南二月末雪
花一尺圍崩騰相排摐龍鳳交撗飛波濤
何飄揚天風吹擢旂白帝盛羽衛鬖鬖
振裳衣白霓先啓塗從以萬玉妃翁翁凌
厚載譁譁弄陰機生平未曾見何暇議是
非或云豐年祥飽食可庶幾善禱吾所慕
誰言寸誠微

醉留東野

古詩

雪後寄崔二十六丞公〔崔二十六斯立也斯立是時爲藍田縣丞其日藍田元和十年十月也孟郊已死張籍病眼故有詩翁壯士之句有懷立之旦念朋友之不振也〕

藍田十月雪塞關〔也斯立爲丞于此藍田關漢時嶢關嶢關諸本〕我興南

望愁羣山攢天嵲嵲凍相映〔作崔嵲〕君乃

寄命於其閒秩早俸薄食口衆宣有酒食開

容顏殿前羣公賜食罷驊騮蹋路驕且閒

韓集世綵堂本（採自蟫隱廬影印宋刻本）

五百家註音辯昌黎先生文集卷第四十

狀表

論孔戣尚書致仕狀

<small>國曰公嘗與孔尚書書言尚書七十二上書乞骸骨謂公嘗諷其能謂公尚書上三四囘矣書三文果曰孔戣字君嚴長慶三年四月為尚書諷以老自乞時年七十三 吾頃一覽去尚書奏頭子言明曰奏頗請疏不賴此公所論之疏也</small>

某官某

右臣與孔戣同在南省為官數得相見戣為人守節清苦議論平正今年纔七十筋力耳目未覺衰老

憂國忘家<small>一作死</small>用意深遠所謂朝之耆德老成人若臣知戣上疏求致仕故往看戣戣為臣言

韓文公畫像

(768-824)

吳企明教授序

　　文起八代之衰、詩變<u>李唐</u>之格的<u>韓愈</u>，歷來受到文學研究者的重視，很多學者每每將<u>韓愈</u>及其文學創作作爲自己的研究對象，就<u>韓愈</u>的生平思想、審美趣尚、創作特色、藝術成就、地位影響等方面的問題，進行全面深入、多層面的探索，取得了豐碩的成果。長期來，<u>韓愈</u>研究也就成爲<u>中國</u>古典文學研究中的熱門課題。綜而言之，則可以發見，研究<u>韓愈</u>的思想和散文成就的論著比較多，相對而言，研究韓愈詩的論著比較少得多。這固然因爲<u>韓愈</u>倡導<u>唐</u>代古文運動，貢獻卓著，影響深遠，其文至高，「文至于<u>韓退之</u>，天下之能事畢矣。」（<u>李治</u>《敬齋古今黈》）。同時或後代人推尊<u>韓愈</u>爲「公文爲時帥」（<u>張籍</u>《祭退之》），「文章盟主」（<u>劉禹錫</u>《唐故中書侍郎平章事韋公集》），「一代文宗」（<u>辛文房</u>《唐才子傳》）。眾多研究者矚目、垂青于<u>韓</u>文，這是理所當然的事。<u>韓愈</u>詩能于<u>李</u>、<u>杜</u>外別樹一幟，其力大，其思雄，橫騖別驅，顛倒奇崛，姿態橫生，變怪百出，在藝術構思、意境創造、語言風格、章法技巧等方面都有杰出貢獻，力矯時弊，呈現出獨異的藝術面貌。同時，也帶來了以文爲詩、以議論爲詩、追求怪險的藝術特色，招致後人的非議，因而歷代詩論家評<u>韓</u>詩，

意見頗多分歧，研究韓詩也確有一定的難度，這也許就是人們較少涉獵韓詩的緣故。

李君卓藩擢秀粵東，騰飛香江，醉心學術，素對中唐詩歌情有獨鍾。中唐傑出詩人韓愈、李賀以及著名的詩歌創作群體＂韓 孟詩派＂，他都曾潛心研究，闡微抉隱，鉤玄提要，創獲甚夥。本書便是他從事中唐詩歌系列研究中的一份碩果。卓藩君近時研治韓愈詩，這是韓愈研究中難度較大的一個課題，誠如他在本書＂緒論＂中所說的那樣：「本書寫作的目的，即在嘗試從各個不同的角度去探討韓詩，以期對韓詩作一個公允客觀的評價。」通讀完《韓愈詩初探》書稿，我深感著者懷著勇于探索、迎難而上的精神和決心，全力以赴地實踐了自己的承諾。他環繞韓愈詩的種種問題，諸如以文爲詩的問題，以議論爲詩的問題，使用險韻的問題，諧謔詩風的問題，廣泛蒐集諸家評述意見，力持客觀分析的態度，對前代偏頗、失當的說法，進行細緻剖析和駁論，作出了中肯的、恰如其分的評價。《韓愈詩初探》是一本有益于學林的好書，爲古典文學學術界提供了一部時有創見、富有學術價值的韓愈研究專著。

本書還有一些引人注目的研究方法，值得推崇。首先，

著者並沒有孤立地評述韓愈詩，他運用多元化的思維方法和立體化的文學觀念，將韓詩放在中國詩歌發展的軌跡中；中唐時代特定的歷史文化背景、詩壇現狀、審美趨尙中；與眾多的著名詩人和“韓孟詩派”其他成員的創作成就聯繫起來，去考察、關顧韓愈的詩歌創作活動，探究它們的藝術淵源和藝術特徵。著者還超越文學體裁的界限，透過多種文學體裁可以相互影響、相互滲透、相互融通的視角，審視並發掘出韓愈以文爲詩、以賦爲詩的藝術特性。這樣做，眞正能夠準確地、深刻地理解韓愈的詩歌創作。其次，著者運用藝術辯證的法則，對韓詩的諸多問題進行精闢的、科學的辯證思攷。他既充分肯定韓愈詩迥然異趣的審美特徵和藝術價值，也注意剖析、揭出韓愈詩的缺陷和弊病；他既正確論述韓愈詩奇崛高古的風格特徵，也注意到韓愈詩中輕靈淸妙的風格特徵，他既詳明地闡述韓愈才氣雄豪，擅作長篇大論的古詩的特點，也注意到韓愈那些饒有意趣的律絕小詩；他既重視韓愈詩歌思想、藝術風格的整體把握和理論闡發，也注意到詩歌寫作技巧的具體描述，譬如體式運用、章法句法，用韻鍊字等。這樣做，極有思辯力，用辯證觀點來分析和解決韓愈詩中有爭議的問題，是非常恰當的。再次，著者堅持作品分析與理論探

索、資料考證和理性紬繹並重的研究方法。全書大量引錄韓愈詩，不僅常見的名篇頻頻出現，還臚列、論說許多不大被人注意的詩作，體現著者作家研究以作品爲主體的觀念。全書廣泛搜輯歷代評說韓詩的資料，博覽冥搜，厥功甚偉。著者的工夫還在于精心遴選、恰當運用許多不易得見的資料，以闡發自己的觀點。例如，第三章「紀遊寫景」一節，在論述《南山詩》的傑出成就時，引用金湜生《粟香三筆》中評論《南山詩》的文字，十分精當。這則資料，在蒐羅浩繁的陳伯海主編的《唐詩彙評》、錢仲聯《韓昌黎詩編年集釋》兩書中都未見引錄。又如第三章「抒情小詩」一節中，在論說韓愈七絕詩的獨特風格時，引用何谿汶《竹莊詩話》引《蒼梧雜志》中的評語，也很少見。著者將理論發揮建立在豐富的、堅實的資料運用的基石上，論據翔實可信，避免泛論空談，增加了論說的說服力。

讀著卓藩君這部新作，我被他的學術膽識、創拓精神所感動，使我不由得想起了王安石的一篇遊記 ---《遊褒禪山記》云：「古人之觀于天地、山川、草木、蟲魚、鳥獸，往往有得，以其求思之深而無不在也。夫夷以近，則遊者眾，險以遠，則至者少矣。而世之奇偉瑰怪非常之觀，常在于險遠，而人之所罕至焉。故非有志者不能至也。」

卓藩君是一位在學術領域裡不斷奮進、不辭險遠，求取奇偉瑰怪非常之觀的有志者，我一方面爲他已經取得的成績由衷地感到高興，同時，也預祝他在未來的學術探索的道路上取得更加輝煌的成績。

丁丑歲仲春，香港回歸祖國百日前，我適有香港之行，應鄺健行教授之邀，參加浸會大學 中文系主辦的「詩歌與宗教」國際學術研討會。會後，經新亞研究所客座教授張仁青博士的介紹，始得結識李君卓藩。席間，他以自己的專著《李賀詩新探》相贈，雖然他的粵語我聽不懂，而他專著中的妙諦勝義，雅秀的文筆，卻深深吸引著我。數十年來，我研治唐詩，從中唐入手，治中唐詩歌，又從李賀入手，因此，讀卓藩君的著作，倍感親切，十分投緣。盛夏，卓藩君遠寄新著《韓愈詩初探》書稿，約我作序，我欣然允諾，走筆寫了上面這些話，以答卓藩君的熱忱和誠意。

吳門 吳企明序于斠溪

一九九七年八月

自　序

　　本人自一九七零年在香港浸會學院完成中文系課程
後，前往羅富國教育學院進修，畢業後隨即投身教育工作。
先後在香港各中、小學及大專擔任教職。曾出任王仲銘夜
書院、劉世仁學校及樂善堂小學校長逾二十年，以迄於今。

　　一九九零年本人重返母校進修，翌年獲香港浸會大學
頒授榮譽文學士學位。復往新亞研究所深造，蒙該所客座
教授，原任台灣 國立中山大學 中文系教授、國家文學博
士張仁青先生不棄，俯允擔任為本人之碩士及博士論文之
指導教授。碩士論文題目《李賀詩新探》，經張師提點，
在原有基礎上加以擴充，全文七萬字，已於去年由台北 文
史哲出版社出版。本人近年較集中於韓 孟詩派之研究，略
有所得，遂將學士論文《韓愈詩初探》加以整理，由原文
三萬字擴充至九萬字，付諸剞劂。鑒於本人研究古典文學
為時尚淺，紕謬在所不免，至祈學術前輩不吝賜教，則幸
甚矣。

　　韓愈字退之，又稱韓昌黎，唐 河南人，為中國文學
史上傑出散文家，古文運動的領袖，「唐 宋八大家」之首，
後人譽為「文起八代之衰」，可作為對韓文千古不易之評

論。在詩的創作上，韓詩現存四百餘首，具體表現出他那宏偉奇詭的藝術風格，和「以文爲詩」之獨特形式，對後世詩歌的發展及影響很大。

　　本書共分七章，約九萬言。第一章略述韓愈之生平、當時之社會背境及詩壇之盛況，進而探討其詩歌。第二章追溯韓愈詩之淵源，分析當時文學趨勢及詩風的演變。第三、四、五、六章列出韓愈詩的題材、體裁、風格及其藝術特色，作初步的探討。第七章列舉前人對韓愈詩之讚賞與批評，並說明韓愈詩的影響及其在文學史上的地位。

　　張師之鼓勵與指導，本人得益甚多，乃得以進窺學術之殿堂，分享絳帳之餘春。蘇州大學 吳企明教授，爲中唐詩學專家，著作等身，蜚聲遐邇。年前適逢吳教授應香港浸會大學教授鄭師健行之邀，蒞港參加學術研討會，又得張師引薦，頗有識荊恨晚之感。蒙吳教授爲本書從遠方賜序，增光不少。謹此敬致衷心謝忱。此外，又蒙香港浸會大學校長謝志偉博士 CBE, JP 寵賜題辭，光美篇幅，尤深感泐。

李卓藩 謹誌

一九九七年九月

韓文公贊　　李卓藩

韓氏之先，蓋出弓高。耆茂顯魏，深通武韜。

王父叡素，入唐握旄。澤被八桂，化行嶺嶠。

考曰仲卿，作宰武昌。惠如春風，素琴高張。

昌黎 退之，誕德南陽。三歲而孤，歷盡星霜。

七歲好學，鞠育者兄，口吟不絕，手披不停。

幼負奇志，自許連城。業窺臯 稷，志存紀經。

受辟汴 徐，蓮幕流芳。迭遷令宰，民誦《甘棠》。

三入學館，師道弘昌。操履芳堅，高擢省郎。

極論宮市，至大至貞。參佐裴相，平蔡碑成。

諫迎佛骨，辭嚴義正。遠謫潮汕，解民溺烹。

宣撫廷湊，如履劍鋩。獨愈不懼，羽儀綱常。

元翼得救，伸彼憲章。孰爲宜褒？《春秋》美臧。

觗闢佛道，執聖抉經。乘危將顛，翼扶孔情。

振揚仁義，斎汯澄清。維天有道，在我先生。

文起八代，詩變四唐。摧陷廓清，其功彌彰。

雄奇怪譎，豪暢酣狂。鯨鏗春麗，驚耀穹蒼。

調擁氣類，獎掖後賢。彊義湀仁，膏馥代傳。

仰之泰斗，學人比肩。邈矣維嵩，峻極于天。

韓愈詩初探

目　錄

吳企明教授序.. 1

自　序.. 7

韓文公贊... 9

第一章　緒　言 1

　　第一節　韓愈的生平、家世、里籍.................. 1

　　第二節　韓愈的詩歌 4

第二章　　韓愈詩的淵源 9

　　第一節　中唐文學趨勢及詩風的演變................. 9

　　第二節　韓愈詩的淵源 11

第三章　　韓愈詩的題材.................................... 21

　　第一節　關於政事方面 21

　　第二節　反映民生疾苦 29

　　第三節　抒懷言志 33

　　第四節　敘事詠物 40

　　第五節　紀遊寫景 54

　　第六節　批判佛老 64

　　第七節　　嘲弄諧謔 ………………………………… 71

　　第八節　　抒情小詩 ………………………………… 82

第四章　　　韓愈詩的體裁 ………………………………… 89

　　第一節　　古詩 ………………………………… 91

　　第二節　　近體詩 ………………………………… 93

　　第三節　　聯句及琴操 ………………………………… 98

第五章　　　韓愈詩的風格 ………………………………… 107

　　第一節　　韓詩的風格 ………………………………… 107

　　第二節　　韓詩的表現手法 ……………………………… 111

第六章　　　韓愈詩的藝術特色 …………………………… 131

　　第一節　　韓詩的藝術特色 ……………………………… 131

　　第二節　　韓詩的用韻與用字 …………………………… 136

第七章　　　韓愈詩的評價 ………………………………… 149

　　第一節　　韓詩在中國文學史上的地位 ………………… 149

　　第二節　　韓愈詩的評價 ………………………………… 150

　　第三節　　韓詩對後代的影響 …………………………… 159

參考書目 ……………………………………………………… 181

第一章　緒　言

第一節　韓愈的生平、家世、里籍

　　孟子說：「頌其詩，讀其書，不知其人可乎？是以論其世也。」（萬章下）韓愈是中國文學史上傑出的散文家和詩人。他和柳宗元一起倡導唐代古文運動，取得輝煌的成就，使中國古代散文得到新的發展。他那有獨創性的"古文"，在內容和形式上都大膽革新，度越時賢，成為一代文章的典範。"文起八代之衰"遂成為韓文千古不易的定評。在詩歌創作上，他也高揭革新之大纛，創立了一個新的詩派，在李白、杜甫之後，形成自己獨特的藝術風格，對當時和後代詩歌的發展產生巨大的影響。對於這麼重要的一位文學家，我們有必要對他的生平、家世和里籍作一番瞭解。

　　韓愈字退之，河南 河陽（今河南 孟縣）人。他的郡望為昌黎，常自稱「昌黎 韓愈」，後人亦稱韓昌黎。生於唐代宗 大歷三年（西元 768 年）卒於穆宗 長慶四年（西元 824 年）。① 三歲而孤，由嫂鄭氏撫養成人，② 他出生於

一個世代仕宦的家庭裡。據記載其先世出於漢代 韓王信、弓高侯頹當之後。至後魏時，七世祖韓耆，曾任龍驤將軍、常山太守，封武安成侯。六世祖韓茂，曾任尙書令，加侍中、征南大將軍，封安定桓王。五世祖韓均，曾任金部尙書，加散騎常侍，封安定康公。高祖韓晙，入唐以後曾任雅州刺史。曾祖韓泰（仁泰），曾任曹州司馬，祖父韓叡素（睿素），曾任朝散大夫，桂州都督府長史「善化行於江嶺之間」，父親韓仲卿，曾做潞州 銅鞮（今山西沁縣）縣尉，安 史之亂時，調任武昌縣令，後又改鄱陽縣令，終秘書郎（管理官廷圖書），贈尙書左僕射。韓愈的三位叔父：大叔少卿、三叔紳卿都是小官吏；僅二叔雲卿做過監察御史、禮部郎中，在文壇頗有名望，李白曾說他"文章冠世"。韓愈《科斗書後記》一開始便說："愈叔父，當大歷世，文辭獨行中朝，天下之欲銘其先人功行、取信來世者，咸歸韓氏。"說的便是韓雲卿。韓愈"上有三兄，皆不幸早世"（《祭十二郎文》）長兄韓會，曾任起居舍人。屬中書省，掌修"起居注"，即記錄皇帝言行，曾與叔雲卿游古文家蕭穎士、李華之門，與梁 肅變體寫作古文。韓愈說他"有德行言詞，爲世軌式"（《韓滂墓志銘》），"以道德文學伏一世"（《考功員外盧君墓

銘》）。次兄韓介，曾任率府參軍，官雖然不大，但畢竟是仕宦人家。

　　相傳他父親韓仲卿編過三國 魏 曹植的文集，和大詩人李白、杜甫都有交往，在文學上有一定的素養。在任武昌縣令期間，治績卓著，曾受到李白的稱讚 ③。這一切都給韓愈良好的影響。然而在仕宦上，他卻屢受挫折。他二十五歲登進士第，二十九歲始進入仕途。先後做過汴州觀察推官、四門博士（相當大學教授）、監察御史（諫正皇帝，彈刻百官）、陽山令、國子監博士、都官員外郎、河南令、職方員外郎、比部郎中、史館修撰、考功郎中知制誥、中書舍人（掌詔令起草和作皇帝侍從）、太子右庶子、刑部侍郎等官。在監察御史（掌官員政績考核）任內，他曾因關中旱飢，上疏請免徭役賦稅，指斥朝政，被貶為陽山令（韓愈貶陽山令，眾說紛紜，王鳴盛《蛾術編》據韓詩自述《赴江陵途中寄翰林三學士》，斷為王叔文集團所害，然亦有商榷餘地）。元和十二年，從裴度平淮西 吳元濟有功，升為刑部侍郎，後二年，又因諫迎佛骨，觸怒憲宗，幾乎被殺，幸裴度等援救，改貶為潮州刺史。元和十五年九月，韓愈奉詔，內調為國子監祭酒。穆

宗即位，他奉詔回京，又調爲兵部侍郎，轉吏部侍郎，京
兆尹兼御史大夫。卒年五十七，贈禮部尙書，諡曰文，後
人因稱韓愈爲韓文公。④

第二節　韓愈的詩歌

　　韓愈不僅是一位傑出的散文家，也是一個在中唐詩壇
上能夠別開生面，勇於獨創的詩人，他在倡導古文運動的
同時，也曾致力於詩歌的革新，以糾正大曆十才子 ⑤ 的
平庸詩風，在《薦士》詩裏，他肯定了從《詩經》到建安
詩歌的進步傳統，他說：「周詩三百篇，雅麗理訓詁。曾
經聖人手，議論安敢到……,建安能者七，卓犖變風
操。」認爲晉 宋詩歌已經 "氣象日凋耗"，而齊 梁及陳
隋的詩更是 "搜春摘花卉，沿襲傷剽盜" 他讚賞陳子昂
說：「國朝盛文章，子昂始高蹈」同時把李白、杜甫看作
是詩歌革新的旗手。在其他詩裏，他更反復多次地對李
白、杜甫加以推崇。⑥ 在詩歌創作上，他獨闢蹊徑，與白
居易、元稹等人的詩形成「元和體」中的不同流派。⑦ 他
是繼承李白、杜甫等傑出詩人之後用自己的詩筆，開創了
一個獨特的藝術天地。他的詩不僅有用險韻、拗律、奇

典、僻字寫成的篇什，也有用方言、俗語寫成的通達平順的作品。在盛唐音韻鏗鏘，明麗天然的藝術作品之後，韓愈獨創性地把散文和賦的藝術特點引進詩歌，有時在詩歌中注進長段的議論，將相類的名詞或動詞作連續的排列，以加強詩歌的藝術效果。這種"以文爲詩"的創作方法，促使詩歌散文化，給詩歌帶來了就的創作天地。

對於韓詩的評價，千百年來，一直有著激烈的爭論，可說褒貶不一。讚美他的人說：「大抵才氣有餘，故能擒能縱，顛倒崛奇，無施不可，放之則如長江大河，瀾翻洶湧，滾滾不窮，收之則藏形匿影，乍出乍沒，姿態橫生，變怪百出，可喜可愕，可畏可服也」。⑧ 陳寅格甚至盛稱：「退之之詩，詞旨聲韻，無不諧當，既有詩之優美，復具文之流暢，韻散同體，詩文合一，不僅空前，恐亦絕後」⑨。不滿他的人則批評說：「退之詩，押韻之文耳，雖健美富贍，然終不是詩」⑩。「退之以文爲詩，子瞻以詩爲詞，如教坊雷大使之舞，雖極天下之工，要非本色」⑪。明代的王世貞更肆意詆毀他說：「韓退之於詩，本無所解，宋人呼爲大家，直是勢利他語」 ⑫。王夫之甚至說他的詩，不過是「酒令」⑬。本書寫作的目的，即在嘗試

從各個不同的角度去探討韓詩，以期對韓詩作一公允客觀
的評價。

【註　釋】

① 韓愈里籍說法不一，此從劉國盈《韓愈評傳》（北京師
範學院出版社）及錢仲聯《韓昌黎詩繫年集釋》前言
（上海古籍出版社）。

② 《韓愈祭鄭夫人文》：「我生不辰，三歲而孤，蒙幼未
知，鞠我者兄。」

③ 李白在《武昌宰韓君去思頌碑》中稱讚他：「‧‧‧調
補武昌令，未下車，人懼之，既下車，人悅之，惠如春
風，三月大伐，奸吏束手，豪足側目」

④ 見游國恩主編《中國文學史》，人民文學出版社。

⑤ “大曆十才子”，根據姚合《極玄集》和《新唐書‧盧
綸傳》包括：盧綸、吉中孚、韓翃、錢起、司空曙、苗
發、崔峒、耿湋、夏侯審、李端。他們的詩歌很少反映
社會的動亂和人民疾苦，大多數是唱和、應制之作。歌
頌升平，吟詠山水，稱道隱逸是他們詩歌的基本主題。

⑥ 在《調張籍》詩中說：「李 杜文章在，光焰萬丈
長。」在《醉留東野》詩中說：「昔年因讀李白、杜甫

詩，長恨二人不相從。吾與<u>東野</u>生並世，如何復躡二子蹤」。

⑦ <u>李肇</u>《國史補》

⑧ <u>張戒</u>《歲寒堂詩話》

⑨ 《論韓愈》載《歷史研究》一九五四年第二期

⑩ <u>釋惠洪</u>《冷齋夜話》引<u>沈括</u>語。

⑪ <u>陳師道</u>《後山詩話》

⑫ 《藝苑卮言》

⑬ 《薑齋詩話》卷下，<u>退之</u>以險韻奇字古句方言，矜其餖飣之巧，巧誠巧矣，而於心情興會，一無所涉，適可為酒令而已。

第二章　　韓愈詩的淵源

第一節　　中唐文學趨勢及詩風的演變

　　氣象恢宏的<u>盛唐</u>詩歌，隨著時代的巨變和眾多文學巨星的殞落，而逐漸走向創作低潮，詩壇暫時沉寂下來。

　　在繼<u>李</u>、<u>杜</u>之後的五、六十年間，詩歌領域中以<u>大曆</u>十才子爲代表的卑弱詩風，成爲主要傾向，他們的詩很少反映社會的動亂和人民疾苦，一般文人作詩，往往流連風花雪月，脫離社會現實。大多數是唱和應酬之作，歌頌昇平，吟詠山水，稱道隱逸是他們詩歌的基本主題。在藝術方面有一定修養，擅長五言律詩，但大都缺乏鮮明的藝術特色，有形式主義的傾向。詩歌風格卑弱頹靡。《四庫全書總目錢仲文集提要》曾正確指出："<u>大曆</u>以還，詩格初變，<u>開寶</u>渾厚之氣，漸遠漸漓，風調相高，稍趨浮響，升降之關，十子實爲之職志。"

　　這種詩風，至<u>貞元</u>，<u>元和</u>以來始稍有改變，這時的詩界重新迸發出蓬勃的生機，<u>孟郊</u>、<u>韓愈</u>和<u>元稹</u>、<u>白居易</u>各

自周圍，分別聚集著眾多創作道路大相徑庭的優秀詩人，競相創作，使詩歌創作朝向多樣化的方向發展，將中唐詩歌推向另一個高峰。李肇《國史補》說：“元和以後，爲文筆則學奇詭於韓愈，學苦澀於樊宗師，歌行則學流蕩於張籍，詩章則學矯激於孟郊，學淺切於白居易，學淫靡於元稹，俱名元和體。大抵天寶之風尙黨，大歷之風尙浮，貞元之風尙蕩，元和之風尙怪也。”這段話說明了元和以來詩歌創作風格多樣化的傾向，同時也說明了元和以來詩歌創作發生根本性的轉變。“尙怪”的風尙就是這種轉變的標誌，而“尙怪”風尙的形成，正是韓 孟詩派在詩壇上崛起的結果，韓 孟詩派諸人以執著而大膽的藝術追求，開闢了詩歌發展的新途徑，爲詩歌創作展示出新的風貌，爲中唐詩壇興起了關鍵性的作用。而韓愈的詩，在一定程度上反映當時的社會現實，其表現手法又融入了散文的清新筆調，加上他才力充沛，想象雄奇，使他的作品成爲唐詩中的一大變，對糾正當時的頹弱詩風，具有積極作用。清人葉變說：“唐詩爲八代以來一大變，韓愈爲唐詩之一大變，其力大，其思雄，崛起特爲鼻祖。”①

韓愈的創作，不但給唐詩發展開闢了新的途徑，還濫

觴晚唐詩及宋詩，成爲承先啟後的橋梁。宋以後的著名詩人如蘇舜欽，梅堯臣，歐陽修，蘇軾，王安石，黃庭堅，陸游，直到清代的鄭珍，在一定程度上受到韓詩的影響。

第二節　韓愈詩的淵源

一、承襲李　杜

　　韓愈出生時，李白已經死去六年，王維已經死去七年，杜甫則是在他三歲時去世。這就是說到韓愈的時代，唐代的詩歌高峰已經過去，他想要超越前輩詩人或與他們齊肩，是相當不容易的，以韓愈的性格和才力，決不肯作一個亦步亦趨，蹈襲前人的模擬者，他力圖另闢蹊徑，開拓新的領域，創造出自己的新風格。在唐代詩人中，他讚美陳子昂 ②，李白、杜甫 ③，也肯定了他的好友孟郊④。在這些詩人中，他最崇拜的是李、杜。在詩中，他不只一次提到他們“昔年因讀李白、杜甫詩，長恨二人不相從”（《醉留東野》），“「張生手持石鼓文，勸我試作石鼓歌，少陵無人謫仙死，才薄將奈石鼓何。”（《石鼓歌》）“李杜文章在，光焰萬丈長，不知群兒愚，那用故謗傷。蚍蜉撼大樹，可笑不自量。”（《調張籍》）。

"近憐李　杜無檢束，爛漫長醉多文辭"（《感春四首》），"高揖群公謝名譽，遠追甫　白感至誠"（《酬司門盧四兄雲夫院長望秋作》），"勃興得李　杜，萬類困陵暴"（《薦士》）。事實上，韓愈詩的淵源，受李白、杜甫的影響極大。李詳《韓詩萃精》序，（載《李審言文集》《學製齋文鈔》卷一）："韓公之詩蓋承李、杜而善變者也"。趙翼更明言：

　　　　韓昌黎生平，所心摹力追者，惟李　杜二公。顧李、杜之前，未有李、杜，故二公才氣橫恣，各開生面，遂獨有千古。至昌黎時，李、杜已在前，縱極力變化，終不能再闢一徑。惟少陵奇險處，尚有可推擴，故一眼覷定，欲從此闢山開道，自成一家，此昌黎注意所在也。⑤

　　《唐宋詩醇》亦言：「生平論詩，專主李、杜，而於治水之航，摩天之刃，慷慨追慕。誠欲效無震蕩乾坤，陵景萬類，而後得盡吐其奇傑之氣。……今試取韓詩讀之，其壯浪縱恣，擺去拘束，誠不減於李，其渾涵汪茫，千彙萬狀，誠不減於杜。而風骨崚嶒，腔力矯變，得李　杜

之神而不襲其貌，則又拔奇於二子之外，而自成一家」。
事實上，韓愈作詩，喜獨闢蹊逕，別開生面，絕不蹈襲前
人。他的藝術風格，雄豪奇崛，直接受到李白、杜甫的影
響。韓愈詩中，多樣化的題材，雄闊的境界，謹嚴而又善
變的布局結構，自然受到杜甫的影響，正如王闓運所說：
「韓愈並推李、杜而實專於杜，但襲粗跡，故成枯獷。」
⑥ 在韓愈的作品中，如《赴江陵途中寄贈王二十補闕李十
一拾遺李二十六員外翰林三學士》寫關中旱饑，《宿曾江
口示姪孫湘二首》寫三江口水患，表現出悲天憫人、關心
國事、同情民生疾苦的情懷，這類作品，直接描寫水旱災
害的景況，敷陳其事，繼承了杜甫《自京赴奉先詠懷五百
字》、《北征》諸作的優秀傳統 。所以，張鴻評這些詩
「直追少陵」（《批韓詩》），是很有道理的。《齪齪》
詩：「願辱太守薦，得充諫諍官。排雲叫閶闔，披腹呈琅
玕。致君豈無術，自進誠獨難。」《岳陽樓別竇司直》：
「念昔始讀書，志欲干霸王。」這與杜甫的「自謂頗挺
出，立登要路津。致君堯 舜上，再使風俗淳。」⑦，「雖
乏諫諍姿，恐君有遺失。」⑧ 詞意均極相似，可以看出有
意效學杜甫的心志和襟抱。此外，《遣瘧鬼》、《雜詩四
首》運用比體，以瘧鬼喻小人情狀，以「朝蠅」、「暮

蚊」、「鵲鳴」、「烏噪」，形容群小競進，托物言志，以嫉惡如仇的情懷，鞭撻朝中的弄臣。《題炭谷湫祠堂》，全篇托諷，龜鼈群嬉、飛禽翾托、龍區雛碎，諷刺德宗朝的權臣。《秋懷詩十一首》（其四）發抒不能手攬蛟龍「去所憎」的悵恨。這些詩的風格，顯然受到杜甫詩的影響。方東樹說：「詩中夾以世俗情態困苦危險之情，杜公最多，韓亦有之。……古今興亡成敗、盛衰感慨、悲涼抑鬱、窮通哀樂，杜公最多，韓公亦然。」⑨ 但在詩歌的基本風格上，韓愈詩更接近李白「壯浪恣縱，擺去拘束」的浪漫主義精神。兩位詩人的才情性格，奇思幻想，都頗爲相似。韓愈在《調張籍》詩中曾談到自己的藝術追求和審美理想是：「我願生雙翅，捕逐出八荒。精神忽交通，百怪入我腸。刺手拔鯨牙，舉瓢酌天漿。騰身跨汗漫，不著織女襄。」他自述將要張開想象的翅膀，自由翺翔于天地之間，窮搜冥索，構思取象，捕捉怪奇的意象。韓愈在繼承李、杜，尤其是李白的藝術風格的基礎上，創造出雄豪、奇崛，險怪的獨特風貌，在唐代詩壇上獨放異彩，司空圖評其詩：「韓吏部歌詩數百篇，其驅駕氣勢，若掀雷挾電，撐抉於天地之間，物狀奇怪，不得不鼓舞而徇其呼吸也」⑩ 準確地、概要地描寫出韓愈詩歌藝術風格

的特點。

　　以上說明了<u>韓愈</u>詩歌的淵源，由於他對<u>李</u>　<u>杜</u>詩的推崇。因此，在誦讀之際，接受了一定程度的默化，殊有可能。

二、承襲六經、《離騷》、《史記》

　　亦有論者，以爲<u>韓</u>詩淵源，應上溯至《史記》、《離騷》，甚至《詩經》、《書經》。<u>韓愈</u>自己說：「非三代兩漢之書不敢觀」（《答李翊書》）現在且引證幾位古人的說法：

❶　<u>姜夔</u>說：「詩有出於《風》者，出於《雅》者，出於
　　《頌》者。<u>屈原</u>之文，《風》出也。<u>韓</u>、<u>柳</u>之詩，
　　《雅》出也。」（《白石道人詩說》）

❷　<u>愛新覺羅</u>・<u>弘歷</u>說：「<u>唐</u>詩如<u>王</u>、<u>孟</u>一派，源出於
　　《風》，而<u>愈</u>則本之《雅》《頌》，以大暢厥辭者
　　也。」（《唐宋詩醇》）

❸　<u>李重華</u>說：「詩家奧衍一派開自<u>昌黎</u>。然<u>昌黎</u>全本經

學，次則屈 宋 楊 馬，亦雅意取裁，故得字字典雅。」（《貞一齋詩說》）

❹ 翁方綱說：「韓文公約六經之旨而成文，其詩亦每于極瑣碎、極質實處，直接六經之脈。」（《石洲詩話》）

❺ 陳沆說：「昌黎不特約六經以爲文，亦直約風騷以成詩。」（《詩比興箋》）

❻ 方東樹說：「韓公後出，原本六經，根本盛大，包孕眾多，巍然自開一世界。…… 又不知杜 韓之導源《經》、《騷》，津逮漢 魏，奄有鮑 謝處。……齊梁以下，有句無章，迨於杜 韓乃以《史》《漢》爲之，幾與六經同工。」（《昭昧詹言》）

❼ 沈曾植說：「"虞書渾渾，夏書噩噩"，揚子雲氏之觀於書也。"周誥殷盤，詰屈聱牙"，昌黎之觀於書也。合此二義，而書之文見，昌黎文之得力於書者亦可見，知昌黎文之得力於書，則知昌黎詩之得力於書矣。詩道性情，由之而生風趣。太白以放逸爲風趣，杜

陵以沉摯為風趣，並出於《風》，韓公則出於
《雅》、《頌》。」（《海日樓遺札與謝復園》）

❽ 夏敬觀說：「以論其詩，上本經誥，下採西漢人之文
賦，其訓詁之深厚，氣體之淵懿，皆自學來，所以能
於李 杜外自樹一幟，唐之詩人無其比。…退之詩奇偶
兼行，多用駢字，出於司馬相如、楊雄之賦也；其奇
者，取法於司馬遷之文。」（《唐詩說·論韓愈》）

❾ 馬位說：「退之古詩，造語皆根柢經傳，故讀之猶陳
列商 周彝鼎，古痕斑然，令人起敬 …… 非徒作幽澀
之語，如牛鬼蛇神也。」（《秋窗隨筆》）

其實，韓愈為文，力主「起八代之衰」專務雄肆，必
然上追商 周，以逮秦 漢。試看他的《薦士詩》：

　　　周詩三百篇，雅麗理訓誥，曾經聖人手，
　　　議論安敢到。五言出漢時，蘇 李首更號，
　　　東都漸瀰漫，派別百川導。建安能者七，
　　　卓犖變風操，逶迤抵晉 宋，氣象日凋耗。

中間數鮑謝，比近最清奧，齊梁及陳隋，
眾作等蟬噪。搜春摘花卉，沿襲傷剽盜，
國朝盛文章，子昂始高蹈。勃興得李杜，
萬類始陵暴，後來相繼生，亦各臻閫隩。

詩中歷舉李白、杜甫、陳子昂、鮑照、謝朓、建安七子、蘇武、李陵，只是陪襯出他最理想的對象是《詩經》三百篇，雖然自謙不敢妄議，其實將之懸為鵠的。在《進學解》中，他自況是：

沉浸醲郁，含英咀華，作為文章，其書滿家，上規姚姒，渾渾無涯，周誥殷盤，佶屈聱牙，《春秋》謹嚴，《左氏》浮誇，《易》奇而法，《詩》正而葩，下逮《莊》《騷》，太史所錄，子雲相如，同工異曲，先生之於文，可謂閎其中而肆其外矣。

綜上所論，可看出韓詩之淵源，他是不會單純以某一位同代的作者作為仿效承襲的對象，如果說他是博觀約取，以為己用，應是最確切的說法。

【註　釋】

① 葉燮《原詩》

② 《薦士》詩說：「國朝盛文章，子昂始高蹈。」

③ 同上，「勃興得李 杜，萬類始陵暴，後來相繼生，亦各臻閫隩。」

④ 同上，「有窮者孟郊，受材實雄驁。冥觀洞古今，象外逐幽好。橫空盤硬語，妥帖力排奡。」

⑤ 《甌北詩話》卷三

⑥ 《湘綺樓說詩》

⑦ 杜甫《奉贈韋左丞相二十韻》

⑧ 杜甫《北征》

⑨ 《昭昧詹言》

⑩ 《司空表聖文集》卷二

第三章　　韓愈詩的題材

　　韓愈詩奇崛高古，獨創新境，「山立霆碎，自成一法」①，與孟郊詩一起創中唐詩壇的韓 孟詩派 ②。而從詩歌發展看，「唐之少陵、昌黎、香山、東野，實唐人之開宋調者」③，則韓愈又是詩歌史上轉變風氣，極富獨創性的關鍵人物。

　　後人概括韓詩特點為「以文爲詩」〔按此點容後詳論〕，由於他「以文爲詩」，所以使得詩的題材擴大了，即把一般作為文的內容，納入到了詩裏，歐陽修說：「退之筆力，無施不可，而嘗以詩爲文章末事，故其詩已『多情懷酒伴，餘事作詩人』（《和席八十二韻》）也。然其資談笑，助諧謔，敘人情，狀物態，一寓於詩，而曲盡其妙。」④ 歐公之論，足以說明韓詩題材的多樣化，茲分述如下：

第一節　　關於政事方面

　　韓愈是一個有政治抱負的人，他自稱“自昔始讀書，志欲干霸王”（《岳陽樓別竇司直》）又說：“事業窺皋稷，文章蔑曹 謝”。（《縣齋有懷》）反對藩鎮割據，軍閥叛亂，是韓詩主要的題材。他生活的時代，正是唐王朝經歷安 史之亂，民不聊生的時代，內則藩鎮割據，宦官專權，戰亂頻仍，外則吐蕃，回紇不斷入侵，這使得他不能不正視現實，他對當時政治的黑暗和社會動亂給百姓帶來的苦難有所感受。他的詩在內容上真實地反映了唐代中葉社會生活面貌，表現對國家和人民的關懷。舉例說明如下：

（1）《汴州亂二首》

> 汴州城門朝不開，天狗墮地聲如雷。
> 健兒爭誇殺留後，連屋累棟燒成灰。
> 諸侯咫尺不能救，孤士何者自興哀？
>
> 母從子走者爲誰？大夫夫人留後兒。
> 昨日乘車騎大馬，坐者起趨乘者下。
> 廟堂不肯用干戈，嗚呼奈汝母子何！

　　藩鎮割據和宦官擅權，是唐王朝的兩大致命傷。唐代
自睿宗　景雲二年〔711 年〕設河西節度使起，方鎮勢力漸
強，安　史之亂後，中央集權大爲削弱，形成河朔三鎮的割
據形勢。各地列鎮的節度使職位，常由父子相繼，或部將
承襲。大歷年間，汴州節度使劉元佐死，其子仕寧代之，
後部將李萬榮驅逐劉士寧，自代爲節度使。萬榮死，董晉
繼代，朝廷無可如何。時陸長源爲御史大夫，任宣武軍司
馬，企圖建立法紀以拘束悍將驕兵，但被董晉所挾持，無
法施行。貞元十五年二月，董晉死，陸長源知留後事，由
於他平時對兵士苛刻，激起兵變，暴亂的軍士殺死陸長源
及其部下楊儀、孟叔度等人，燒殺搶掠，非常悽慘。監軍
俱文珍密召宋州刺史劉逸準，使總後務，朝廷從之，賜名
全諒。韓愈此時從董晉喪，離開汴州，在途中聽到軍亂的
消息，有感而作《汴州亂二首》詩。二詩對四鄰諸鎮坐視
不救和朝廷姑息無能表示不滿。詩語質直，頗有漢魏歌謠
的遺意。與此類似的題材，如《此日足可惜一首贈張藉》
記述身家遭逢汴州之亂的情形：

　　　　夜聞汴州亂，繞壁行徬徨。我時留妻子，
　　　　倉卒不及將。相見不復期，零落甘所丁。

嬌女未絕乳，念念不能忘。忽如在我所，
耳若聞啼聲。中途安得返，一日不可更。

親嘗戰亂之苦，使他對藩鎮割據給人民造成的苦難有了更
切身的體會。

(2)《歸彭城》

天下兵又動，太平竟何時！訏謨者誰子？
無乃失所宜。前年<u>關中</u>旱，閭井多死飢。
去歲<u>東郡</u>水，生民爲流尸。上天不虛應，
禍福各有隨。我欲進短策，無由至彤墀。
刳肝以爲紙，瀝血以書辭。上言陳<u>堯 舜</u>，
下言引龍夔，言詞多感激，文字少蔵薈。
一讀已自怪，再尋良自疑。食芹雖云美，
獻御固已痴。緘封在骨髓，耿耿空自奇。
昨者到京城，屢陪高車馳。周行多俊異，
議論無瑕疵。見待頗異禮，未能去毛皮。
到口不敢吐，徐徐俟其懨。歸來戎馬間，
驚顧似羈雌。連日或不語，終朝見相欺。
乘閑輒騎馬，茫茫詣空陂。遇酒即酩酊，

　　君知我爲誰？

貞元十五年秋，<u>韓愈</u>在<u>張建封</u>幕下任寧武節度推官，冬，
奉<u>建封</u>之命「朝正 ⑤ 於京師」，十六年春歸<u>徐州</u>（<u>徐州</u>
爲古<u>彭城</u>），本詩是返彭城後回憶之作。詩中敘述了在京
城<u>長安</u>所見的情況，寫出朝政的昏亂和連年戰爭災難，給
人民帶來的痛苦，表現了憂時憂國的情懷。在寫作上，模
仿學習<u>杜甫</u>的跡象，甚爲顯然，首先是感時傷亂的精神仿
例<u>杜</u>詩，具體寫法上也由<u>杜</u>詩蛻化而出：「上言陳堯 舜」
與<u>杜</u>的「致君堯 舜」一致；「披肝」「瀝血」遠取佛典，
<u>杜甫</u>《鳳凰臺》詩也說：「我能剖心出，飲啄慰孤愁。心
以當竹實，炯然無外求。血以當醴泉，豈徒比清流。」
「騎馬詣空陂」的意境則與<u>杜甫</u>《哀江頭》「欲往城南忘
城北」相似，等等 ⑥。詩中列舉<u>淮西</u>反叛，<u>關中</u>大旱，<u>鄭</u>
<u>澄</u>大水諸事，以爲政者處置不當，他認爲國家的動亂，執
政者是責無旁貸的，詩中說：「天下兵又動，太平竟何
時？訏謨者誰子？無乃失所宜。」要求有權處理國策者，
承擔天下兵禍連年的責任。他抨擊尸位素餐的官吏。在
《瓏吏》一詩中，他假借瓏吏的口去質問：「不知官在
朝，有益國家不？得無虱其間，不武亦不文？仁義飾其

躬，巧奸敗群倫？」對那些巧言令色，因循苟且的政客，加以明顯的責備，他以借古諷今的手法，指斥當時有權勢的階層掠奪民間的土地。在《遊太平公主山莊》詩說：「公主當年欲占春，故將臺榭壓城闉，欲知前面花多少，直到南山不屬人。」寫出豪門霸佔土地以逞私慾，使民眾的利益受損，這些地方都表現出韓愈關懷政事，體恤民瘼的情懷。

（3）《詠雪贈張籍》

> 只見縱橫落，寧知遠近來。飄搖還自弄，
> 歷亂竟誰催？座暖銷那怪，池清失可猜。
> 坳中初蓋底，垤處遂成堆。慢有自居後，
> 輕多去卻回。度前鋪瓦隴，奔發積牆隈。
> 穿細時雙透，乘危忽半摧。舞深逢坎井，
> 集早值層台。砧練終宜搗，除紉未暇裁。
> 城寒裝睥睨，樹凍裹莓苔。片片匀如翦，
> 紛紛碎若挼。定非燖鵠鷺，真是屑瓊瑰。
> 緯繣觀朝萼，冥茫矚晚埃。當窗恆凜凜，
> 出戶即皚皚。潤野榮芝菌，傾都委貨財。
> 娥嬉華蕩漾，胥怒浪崔嵬。磧迴疑浮地，

雲平想輾雷。隨車翻縞帶，遂馬散銀杯。

萬屋漫汗合，千株照耀開。松篁遭挫抑，

糞壤獲饒培。隔絕門庭遽，擠排陛級才。

豈堪裨岳鎮，強欲效鹽梅。隱匿瑕疵盡，

包羅委瑣該。誤雞宵呃喔，驚雀暗徘徊。

浩浩過三暮，悠悠帀九垓。鯨鯢陸死骨，

玉石火炎灰。厚慮填溟壑，高愁揪斗魁。

日輪埋欲側，坤軸壓將頹。岸類長蛇攪，

陵猶巨象豗。水官夸傑黠，木氣怯胚胎。

著地無由卷，連天不易推。龍魚冷蟄苦，

虎豹餓號哀。巧借奢豪便，專繩困約災。

威貪陵布被，光肯離金罍。賞玩損他事，

歌謠放我才。狂教詩硉矹，興與酒陪鰓。

惟子能諳耳，諸人得語哉。助留風作黨，

勸坐火為媒。雕刻文刀利，搜求智网恢。

莫煩相屬和，傳示及提孩。

按：唐德宗酷好斂財富，重用專以殘忍刻剝為政的大臣。
貞元十九年，長安附近大旱，接連幾個月不下雨，田地龜
裂，顆粒無收，京兆尹李實貪財如命，不顧人民死活，依

舊進行苛刻的盤剝，以致人民流離失所。韓愈時代任監察御史，向皇帝進言是他的責任，於是寫了一篇《御史台上論天旱人飢狀》，請求皇帝寬免百姓賦稅，結果得罪了李實等人。這一年冬天又下大雪，人民生活極端困苦。朝臣之間，朋黨紛爭，政治風氣很壞。韓愈憂心國事，以大雪為題材，批判封建政治生活中的黑暗現象，抒發自己胸中的鬱悶。詩中把剝民奉上的聚斂之臣和朋比為奸的官吏比作寒冷的雪花，揭露他們“隱匿瑕疵”，“包羅委瑣”。抨擊了“松篁遭挫抑，糞壤獲饒培”的腐敗現象。作者指出：這樣的政治狀況，只對少數“奢豪”富戶有利，卻給廣大的“困約”貧民帶來了無窮的災難。全詩於寫景中寓諷刺，自然妥貼；排比鋪敘，很象一篇詩歌式的大賦。(見湯貴仁《韓愈詩選》)王元啓《韓詩記疑》：「蓋德宗末年，任用京兆尹李實，專事剝民奉上，而王叔文，韋執誼等，朋黨比固，密結當時欲速僥倖之徒，定為死交，此詩皆有所指。疑亦貞元十九年作，方崧卿《韓集舉正》以「松篁遭挫折」一語，妄意為元和七年因柳澗事下遷而作，竊謂「松篁」一語，指張正買、王仲舒、劉伯芻等之被逐，非自謂也，如「豈堪裨獄鎮，強欲效鹽梅」二語，若專為一己，不應痛斥時宰至是，或指為長慶初元時作，

亦非。」曾季貍《艇齋詩話》亦以爲此詩，有所譏刺。

　　韓詩中，有關政事題材的詩不少，如《元和聖德詩》，《送侯參謀赴河中幕》以及佐裴度平淮西時所作的古體，律體詩十餘首，也都是聲討藩鎮反叛中央、破壞國家統一罪行的詩篇。其他如《永貞行》的寫政治事變，《豐陵行》大膽指責統治階層對葬儀陵制的奢侈，《苦寒》詩隱刺權臣當國，朝廷失敗等，不一而足。

第二節　　反映民生疾苦

　　韓愈關心現實，憂懷國事，同情人民。集中一些詩歌，真實反映了社會的動亂，政治的昏暗，對統治階級進行一定的揭露與譴責，對人民所憂天災人禍的苦難表示同情。茲舉例說明如下：

（1）　《宿曾江口示姪孫湘》二首

　　❶　雲昏水奔流，天水漭相圍。三江滅無口，

　　　　其誰識涯圻？暮宿投民村，高處水半扉，

　　　　犬雞俱上屋，不復走與飛，篙舟入其家，

暝聞屋中唏，問知歲常然，哀此為生微。

海風吹寒晴，波揚眾星輝。仰視北斗高，

不知路所歸。

❷ 舟行亡故道，屈曲高林間。林間無所有，

奔流但潺潺。嗟我亦拙謀，致身落南蠻。

茫然失所詣，無路何能還。

　　元和十四年，韓愈因上疏諫迎佛骨，觸怒憲宗。被貶潮州刺史，此詩是南行潮州途中宿曾江口(曾江，即增江，在今廣州　增城縣南二十公里）所作。韓愈來到廣東　增城，剛好碰上增江發大水，目睹災民的痛苦生活。增添他的感慨。本詩是韓詩中哀憫民生的佳作。程學恂說：「此詩(指第一首)寫窮民之苦，逐客之感，愴悅渺茫，語語沉痛，起興無端，結意無極，惟少陵可以媲之。」(《韓詩臆說》) 王鳴盛說：「二詩寫所歷境地，難狀之景，如在目前。」(《蛾術篇》)，蔣抱玄說：「兩詩音節，逼真老杜，雄闊細膩，兼而有之。」(《評注韓昌黎詩集》)

（2）《齪齪》

　　齪齪當世士，所憂在飢寒。但見賤者悲，

不聞貴者歎。大賢事業異，遠抱非俗觀。

報國心皎潔，念時涕汍瀾。妖姬坐左右，

柔指發哀彈。酒肴雖日陳，感激寧爲歡？

秋陰欺白日，泥潦不少乾。河隄決東郡，

老弱隨驚湍。天意固有屬，誰能詰其端。

願辱太守薦，得充諫諍官，排雲叫閶闔，

披腹呈琅玕，致君豈無術，自進誠獨難。

　　貞元十五年秋，韓愈在徐州，張建封奏爲節度推官。時黃河崩決，東郡被災，詩人有感於生民的流離，寫了這詩，詩中表現了作者的匡國救民的抱負以及對人民疾苦的深切同情。取篇首"齪齪"二字爲題。⑦　全詩分三段，自「齪齪當世士」至「念時涕汍瀾」八句爲第一段，從正反兩方面寫出兩種不同類型的人物。詩歌一開頭就直詆那些庸碌的讀書人，他們沒有理想抱負，只追求個人的功名利祿。"大賢"四句：有高尙道德的人卻要幹另一番事業，他有高遠的襟抱，而沒有俗人的看法。爲了報效國家，忠心皎潔，感念時世，悲淚縱橫。"大賢"，當是韓愈自況。四句寫自己的報國救時的志向。自「妖姬坐左右」至「老弱隨驚湍」爲第二段，寫詩人憂念受水災的人民，感憤不

歡。「妖姬」四句寫雖在歌筵之上，也無法爲歡。「秋陰」四句寫滑州水災的情況。自「天意固有屬」至「自進誠獨難」爲第三段，希望能得到太守的推薦，實現自己的政治抱負。「天意」四句，希望能當諫官，把赤膽忠心獻給君主。末兩句，切望能進身效力。

王元啓《讀韓記疑》說：「讀此詩首章八句，襟期宏遠，氣厚辭嚴，見公憫惻當世之誠，發於中，所不能自己。」在《赴江陵途中寄贈王二十補闕，李十一拾遺，李二十六員外翰林三學士》詩中說：

> 是年京師旱，田畝少所收。上憐民無食，
> 征賦半已休。有司恤經費，未免煩徵求。
> 富者既云急，貧者固已流。傳聞閭里間，
> 亦子棄渠溝。持男易斗粟，掉臂莫肯酬。
> 我時出衢路，餓者何其稠。親逢道邊死，
> 佇立久咿嚘。歸舍不能食，有如魚中鉤。

描繪貧民的慘況，是由於當局的不恤民勞所致。詩中對百姓的飽受暴斂，生靈塗炭，寄以極大的同情。在《古

風》一詩中，他說：

> 今日曷不樂，幸時不用兵。無日既蹙矣，
>
> 乃尚可以生。彼州之賦，去汝不顧，
>
> 此州之役，去我奚適。一邑之水，可走而違，
>
> 天下湯湯，曷其而歸。好我衣服，甘我飲食，
>
> 無念百年，聊樂一日。

　　可見當地人民無可逃避負擔沉重的賦役，只有苦中求樂，趁尚無兵燹之難的時刻，即使是一日能好衣甘食，亦是可喜，文字雖顯，卻道出民不聊生之情況，涵義極爲沉痛。

第三節　抒懷言志

　　韓愈生於唐代宗 大歷三年，也就是安 史之亂平定後的第三年，三歲而孤，由嫂鄭氏撫養成人，少年時即過著顛沛流離的生活，以後應舉求官，仕途並不順利，官宦生涯浮沉不定，晚年遭際忽榮忽枯，詩中多抒懷言志之作，茲舉例說明如下。

（1）《條山蒼》

　　　　條山蒼，河水黃。

　　　　浪波沄沄去，松柏在高崗。

　　<u>貞元</u>二年，<u>韓愈</u>十九歲，懷著經世之志，進京求仕。
途經<u>中條山</u>時所作。這是<u>韓愈</u>最初步入人生旅途時寫下的
述志詩篇，詩句是那樣的簡古，詩意是那樣的高揚，在這
樣簡短的小詩中，概括了如此深刻的內容和情感，不能不
使我們驚嘆。<u>程學恂</u>說：「尋常寫景，十六字中，見一生
氣概。」（《韓詩臆說》）

（2）《縣齋有懷》

　　　　少小尚奇偉，平生足悲吒。猶嫌<u>子夏</u>儒，

　　　　肯學<u>樊</u>遲稼？事業窺<u>皐 稷</u>，文章蔑<u>曹 謝</u>。

　　　　濯纓起江湖，綴珮雜蘭麝。悠悠指長道，

　　　　去去策高駕。誰為傾國媒？自許連城價。

　　　　初隨計吏貢，屢入<u>澤宮</u>射。雖免十上勞，

　　　　何能一戰霸？人情忌殊異，世路多權詐。

　　　　蹉跎顏遂低，摧折氣愈下。<u>冶長</u>信非罪，

　　　　<u>侯生</u>或遭罵。懷書出皇都，銜淚渡清灞。

身將老寂寞，志欲死閑暇。朝食不盈腸，
冬衣才掩骸。軍書既頻召，戎馬乃連跨。
大梁從相公，彭城赴僕射。弓箭圍狐兔，
絲竹羅酒禽。兩府變荒涼，三年就休假。
求官去東洛，犯雪過西華。塵埃紫陌春，
風雨靈臺夜。名聲荷朋友，援引乏姻婭。
雖陪彤庭臣，詎縱青冥靶？寒空聳危闕，
曉色曜修架。捐軀辰在丁，鍛翮時方褊。
投荒誠職分，領邑幸寬赦。湖波翻日車，
嶺石圻天罅。毒霧恆熏晝，炎風每燒夏。
雷威固已加，颶勢仍相借。氣象杳難測，
聲音吁可怕。夷言聽未慣，越俗循猶乍。
指摘兩憎嫌，睢盱互猜訝。祇緣恩未報，
豈謂生足藉。嗣皇新繼明，率土日流化。
惟思滌瑕垢，長去事桑柘。斸嵩開雲扃，
壓潁抗風榭。禾麥種滿地，梨棗栽繞舍。
兒童稍長成，雀鼠得驅嚇。官租日輸納，
村酒時邀迓。閑愛老農愚，歸弄小女妊。
如今便可爾，何用畢婚嫁。

　　德宗 貞元二十一年(公元八零五年)，韓愈任連州 陽山(今廣東省陽山縣)縣令，心情牢落，作此詩以寄感概。全詩從少年時代志趣奇偉、抱負遠大開始，歷述參加進士考試，謀官不就。轉而離京去汴州、徐州兩地任幕僚，後又在京中任職，旋貶陽山的情況，反映了封建社會裡一個知識份子的坎坷際遇。最後敘述貶官陽山的苦況，希望隱居務農，表示他對官場生活的厭倦。這首詩基本上採用對偶句的形式，藏一唱三嘆於娓娓敘述之內，寄身世感傷於淳樸平淡之中，組織精工，熔栽得致。曾國藩說：「首十六句，敘少年中進士試宏博時事。『人情』以下二十句，敘出都從董晉、張建封幕事。『求官』以下十四句，敘為御史上疏被謫事。『湖波』以下十四句，敘道塗及陽山之苦。『嗣皇』以下十六句，思得赦宥而歸故土。(《求闕齋讀書錄》)此詩後人評價極高，《唐宋詩醇》評為「組織精工，頓挫悲狀，在集中亦自成一格。」近人孫昌武說：「此詩通首用對句，又用賦體的舖敘，本易流於板滯平庸；但韓愈力創奇語，引僻典，押險韻，用仄韻，以突出磊落不平的詩情，造成奇崛高古的藝術效果。結構上亦頗具匠心：由『少小尚奇偉』的宏偉抱負到退耕田園的消沉，成為鮮明對比；中間懇切詳明地記述自己立志、出

仕、入幕、居官、被貶的經歷，寫出了一個有理想的文人
的困頓境遇及其人生歷程。」

（3）《忽忽》

> 忽忽乎余未知生之為樂也，願脫去而無因。
> 安得長翮大翼如雲生我身？乘風振奮出六合、
> 絕浮塵。死生哀樂兩相棄，是非得失付閒人。

　　德宗 貞元十五年，韓愈已三十二歲了，自貞元八年登
進士第，多年來一直不得志。二十六歲時試博學宏詞，不
中，二年後再試，又不中，三上宰相書，不報，只得在汴
州 董晉幕中當個小小的觀察推官。董晉死後，又依徐州節
度使張建封。寄人籬下，心情很不舒暢。這首小詩雖是作
者自傷之意，但寫得氣勢軒舉，頗似李白歌行的情調，是
韓愈散文詩的代表作。

（4）《幽懷》

> 幽懷不能寫，行此春江潯。適與佳節會，
> 士女競光陰，凝妝耀洲渚，繁吹蕩人心。
> 間關林中鳥，亦知和為音。豈無一樽酒？

自酌還自吟。但悲時易失，四序迭相侵。

我歌《君子行》，視古猶視今。

本詩也是作者在徐州幕府時所作。韓愈於貞元八年中進士後，連續兩次參加博學宏詞考試，均未中選，於是轉向地方官任幕僚，先後在汴州、徐州任職。幕僚生涯，仰人鼻息，不能施展平生抱負；日常生活，拘束而不自由，因而常感悒悒。本詩即這種情緒的反映，全詩從時光的流逝和缺乏知音的苦悶來寫。方世舉說：「此詩編年無可明據，但以『我歌君子行』揣之，或朝正歸徐，春間所作。對其《上張僕射書》，辨晨入夜歸之不可，則於其幕僚有不相合者，故感春鳥和鳴而自酌自吟，歎人之不如鳥也。題曰《幽懷》，蓋有不可明言者歟？」（引自《昌黎詩集編年箋注》）王元啓說：「此詩與《贈張籍》、《歸彭城》諸首同編，疑亦在徐作，讀篇中自酌自吟句可見。」（《讀韓記疑》）

（5）《利劍》

利劍光耿耿，佩之使我無邪心。

故人念我寡徒侶，持用贈我比知音。

我心如冰劍如雪，不能刺讒夫，

使我心腐劍鋒折！決雲中斷開青天，

噫，劍與我俱變化歸黃泉。

　　俗語說「讒夫之口，可以鑠金。」詩經《巷伯》、
《青蠅》之章，千古同慨。韓愈在詩中感嘆自己徒佩利
劍，而不能刺讒夫，清君側，憤激已極。奇氣噴薄而出，
是作者極用意之作。王元啓《讀韓記疑》曰：「此詩雖列
《汴州亂》後，然以不能刺讒夫爲恨，則非爲汴州之亂可
知。」「考《順宗實錄》，言『京兆尹李實陵轢公卿以
下，隨喜怒誣奏黜陟。』則此詩所云讒夫，恐指李實言
之。」韓愈《祭張員外文》亦謂貞元十九年時，朝中有
"婉變者"，"側肩帖耳，有舌如刀。" 本詩正爲此等人而
發。韓愈嫉惡如仇，情緒激憤，不能自抑。全詩直抒胸
臆，句子長短不拘，是「以文爲詩」之例。程學恂《韓詩
臆說》：「此及《忽忽》等篇，古琴古味古調，上凌
《楚》《騷》。直接《三百篇》也」。

　　集中抒懷言志作品甚多，如元和元年春在江陵任法曹
參軍時所作的《感春》四首，或因時感懷，或因事感懷，

都是抒發自己不得志的情緒。同年秋作的《秋懷詩十一首》可說是韓愈集短篇古詩中最佳之作，詩中雖然也有抒發歲月不居，人生易老的感慨，但更主要的是表現作者雄奇恣肆的感情和抑塞磊落的情懷。全詩多用比喻，有漢 魏古詩風味。方東樹說：「有怨意，有斂退自策屬意，而直書目前，即事指點，恂悅迷離，似莊似諷。」⑧ 這組詩「用意深微，文法奇變」，可與孟郊《秋懷》十六首相頡頏，有異曲同工之妙。

第四節　敘事詠物

韓愈詩集中有一些敘事詠物的詩篇，刻畫事物形象生動，描繪情態，體察入微，這類作品，還往往寄寓言外深意，耐人尋味。茲舉例說明如下：

（1）　《杏花》

> 居鄰北郭古寺空，杏花兩株能白紅。
>
> 曲江滿園不可到，看此寧避雨與風？
>
> 二年流竄出嶺外，所見草木多異同。
>
> 冬寒不嚴地恆泄，陽氣發亂無全功。

浮花浪蕊鎮長有，纔開還落瘴霧中。

山榴躑躅少意思，照耀黃紫徒爲叢。

鸕鴣鉤輈猿叫歇，杳杳深谷攢青楓。

豈如此樹一來翫，若在京國情何窮。

今旦胡爲忽惆悵，萬片飄泊隨西東。

明年更發應更好，道人莫忘鄰家翁。

　　韓愈詠物古詩佳作甚多，如《新題二十一詠》、《李
花》、《晚菊》、《木芙蓉》，皆一時之選。寫詩詠物，
不僅要維妙維肖，形神並兼。若是粘皮帶骨，鬆散乏味，
便算不上好詩。這首《杏花》詩，凡十韻，只「杏花　兩株
能白紅」一句描寫杏花，「白紅」一詞點到即止，而餘句
全是寫作者看花之感，借之以寄慨，已無半字半句粘著杏
花，卻能縱橫恣肆，可謂奇作。這與杜甫詩《古柏行》、
《海櫻行》及《柟樹》等，有異曲同工之妙。

（2）　《李花贈張十一署》

江陵城西二月尾，花不見桃惟見李。

風揉雨練雪羞比，波濤翻空杳無涘。

君知此處花何似？白花倒燭天夜明，

　　　　　群雞驚鳴官吏起。金烏海底初飛來，

　　　　　朱輝散射青霞開。迷魂亂眼看不得，

　　　　　照耀萬樹繁如堆。念昔少年著遊燕，

　　　　　對花豈省曾辭杯？自從流落憂感集，

　　　　　欲去未到先思迴。秖今四十已如此，

　　　　　後日更老誰論哉？力攜一樽獨就醉，

　　　　　不忍虛擲委黃埃。

　　楊萬里《讀退之李花詩》云：「近紅暮看失燕支，遠白宵明雪色奇，花不見桃惟見李，一生不曉退之詩。」前有小序：「桃李歲歲同時並開，而退之有"花不見桃惟見李"之句，殊不可解，因晚登碧落堂。望隔江桃李，桃皆暗而李獨明，乃悟其妙，蓋炫晝縞夜云。」「炫晝縞夜」一語見王安石《寄蔡氏女子二首之一》（《王荊文公詩卷二》）。韓愈這首詠李花詩，摹寫李花的情狀，精妙優美，體物入微，發前人未得之秘，詩中著力刻畫從黑夜到清晨之間，李花的物色變化，真是燦爛輝煌，令讀者也魂迷眼亂。末段借花致慨，百感交集。(同上)

　　其他如《榴花》詩：「五月榴花照眼明，枝間時見子

初成。可憐此地無車馬，顛倒青苔落絳英。」寫石榴花於冷落中自開自落，自成果實，讚賞我行我素的清高人格。《葡萄》詩：「新莖未遍半猶枯，高架支離倒復扶。若欲滿盤堆馬乳，莫辭添竹引龍須。」詩以葡萄生長，結實需要竹木架扶持，比喻國家若要人材，也需勤加培養提拔。兩詩只是詠物，卻都有寄托，意含言外，情趣盎然。

（3） 《鄭群贈簟》

　　　　蘄州簟竹天下知，鄭君所寶尤瑰奇。

　　　　攜來當晝不得臥，一府傳看黃琉璃。

　　　　體堅色淨又藏節，盡眼凝滑無瑕疵。

　　　　法曹貧賤眾所易，腰腹空大何能為。

　　　　自從五月困暑濕，如坐深甑遭蒸炊。

　　　　手磨袖拂心語口，慢膚多汗真相宜。

　　　　日暮歸來獨惆悵，有賣直欲傾家資。

　　　　誰謂故人知我意，卷送八尺含風漪。

　　　　呼奴掃地鋪未了，光彩照耀驚童兒。

　　　　青蠅側翅蚤蝨避，肅肅疑有清飆吹。

　　　　倒身甘寢百疾愈，卻願天日恆炎曦。

　　　　明珠青玉不足報，贈子相好無時衰。

憲宗 元和元年，韓愈在江陵任法曹司法參軍(執掌刑獄)，
與老友兵曹司兵參軍(執掌武官人選、兵器、防衛事宜)鄭
群同僚。鄭群贈韓愈竹席度夏，愈作此詩致謝意。全詩於
敘事中詠物、抒情，誇張中時帶詼諧，寫來層層轉折，力
勁，把贈簟之事寫得極為風趣，筆力橫勁，句法老重，在
藝術手法上很成功。

（4） 《短燈檠歌》

> 長檠八尺空自長，短檠二尺便且光。
>
> 黃簾綠幕朱戶閉，風露氣入秋堂涼。
>
> 裁衣寄遠淚眼暗，搔頭頻挑移近床。
>
> 太學儒生東魯客，二十辭家來射策。
>
> 夜書細字綴語言，兩目眵昏頭雪白。
>
> 此時提攜當案前，看書到曉那能眠？
>
> 一朝富貴還自恣，長檠高張照珠翠。
>
> 吁嗟世事無不然，墻角君看短檠棄。

這首詩通過短燈檠有用而反遭遺棄、長燈檠無用而受
到榮遇的比喻，感嘆謙謹質樸真才實學之士往往沉埋下

位，而華而不實虛有其名的人卻受到重用的社會現象。清人汪佑南說：「世態炎涼，活現紙上。」⑨

　　與此類似題材的尚有《赤藤杖歌》詩寫一支手杖，卻展開怪誕的想像：「共傳滇神出水獻，赤龍拔須血淋漓，又云羲和操火鞭，暝到西極睡所遺。」將審美對象幻化、變形，使之呈現出光怪幻誕的美，在詠物詩中別具一格。

（5）　《雉帶箭》

　　　　原頭火燒靜兀兀，野雉畏鷹出復沒。

　　　　將軍欲以巧伏人，盤馬彎弓惜不發。

　　　　地形漸窄觀者多，雉驚弓滿勁箭加。

　　　　衝人決起百餘尺，紅翎白鏃相傾斜。

　　　　將軍仰笑軍吏賀，五色離披馬前墮。

　　這是韓愈於貞元十五年秋冬在徐州所作，寫從徐州節度使張建封射獵的情景。詩寫打獵場面人情物態，寫得有聲有色，極為工致，猶如一幅行獵圖。樊汝霖云：「讀之其狀如在目前，蓋寫物之妙者。」（《韓文公年譜》）蘇東坡曾自以大字手書此詩，以為妙絕。（見洪邁《容齋三

筆》卷三）詩歌只有十句，篇幅不大，而中間「盤屈跳盪，生氣遠出」。有「龍跳虎臥」之勢，程學恂《韓詩臆說》：「二句寫射之妙處，全在未射時，是能於空處得神，筆勢頓挫。」朱彝尊云：「句句實境，寫來絕妙，是昌黎極得意詩，亦正是昌黎本色。」（《批韓詩》），查晚晴說：「以留取勢，以快取勝」（《十二種詩評》附載）評論韓詩的人，多以這首詩作為韓詩的範例之一。

（6）《汴泗交流贈張僕射》

　　汴泗交流郡城角，築場千步平如削。

　　短垣三面繚逶迤，擊鼓騰騰樹赤旗。

　　新雨朝涼未見日，公早結束來何為？

　　分曹決勝約前定，百馬攢蹄近相映。

　　毬驚杖奮合且離，紅牛纓紱黃金羈。

　　側身轉臂著馬腹，霹靂應手神珠馳。

　　超遙散漫兩閑暇，揮霍紛紜爭變化。

　　發難得巧意氣粗，歡聲四合壯士呼。

　　此誠習戰非為劇，豈若安坐行良圖！

　　當今忠臣不可得。公馬莫走須殺賊。

　　此詩亦貞元十五年秋於徐州　張建封幕時作。詩以細緻形象的藝術手法，先極力描述走馬擊毬的壯觀場境，而於結尾四句陡然一轉，翻出本意----練兵習武，不要用在作樂上，而應用在殺賊上。全詩筆筆遒勁，使人意動神悚。⑩　《唐宋詩醇》評本詩：「神采飛揚，結有忠告，便比《雉帶箭》高一格。」此評的中肯綮。

（7）　《聽穎師彈琴》

　　　　昵昵兒女語，恩怨相爾汝。

　　　　劃然變軒昂，勇士赴敵場。

　　　　浮雲柳絮無根蒂，天地闊遠隨飛揚。

　　　　喧啾百鳥群，忽見孤鳳凰。

　　　　躋攀分寸不可上，失勢一落千丈強。

　　　　嗟余有兩耳，未省聽絲篁。

　　　　自聞穎師彈，起坐在一旁。

　　　　推手遽止之，濕衣淚滂滂。

　　　　穎乎爾誠能，無以冰炭置我腸。

　　穎師是唐時從印度來的一位和尚，他擅長彈琴，李賀有《聽穎師彈琴歌》云：「竺僧前立當吾門，梵宮真相眉

棱尊。古琴大軫長八尺，嶧陽老樹非桐孫。」即話其事。
本詩刻意地用一連串的比喻，對音樂作形象化摹寫。這種
手法在唐詩中屢見，如李頎寫胡笳聲，則云：「空山百鳥
散還合，萬里浮雲陰且晴，嘶酸孤雁失群夜，斷絕胡兒戀
母聲。」李賀寫箜篌，則云：「崑山玉碎鳳凰叫，芙蓉泣
露香蘭笑……女媧煉石補天處，石破天驚逗秋雨。」詩
人們各出奇爭勝。韓愈：「此詩復曲折能道其趣，為是真
聽琴詩。」這首詩，描繪了穎師彈琴的高超技藝。前十句
連續運用比喻手法，描繪穎師彈琴時由音響，節奏旋律熔
鑄而成的音樂形象，琴聲由細膩而軒昂，而壯闊，而清
麗，抑揚起伏，刻畫入微，把美妙的琴聲，形容得維妙維
肖，使讀者彷彿也沉浸在美妙琴聲創造的藝術境界中，蘇
軾讚此詩為描寫琴聲中之最優者。（見胡仔《苕溪漁隱叢
話前集》卷十六引蔡絛《西清詩話》）《黃氏日抄》亦讚
之「工於形容」---- 是韓詩中的名作。

（8）　《陸渾山火一首和皇甫湜用其韻》

　　　　皇甫補官古賁渾，時當玄冬澤干源。

　　　　山狂谷很相吐吞，風怒不休何軒軒。

　　　　擺磨出火以自燔，有聲夜中驚莫原。

天跳地踔顛乾坤，赫赫上照窮崖垠。

截然高周燒四垣，神焦鬼爛無逃門。

三光弛隳不復暾，虎熊麋豬逮猴猿。

水龍鼉龜魚與黿，鴉鷗鵰鷹雉鵠鵾。

燖炰煨爊孰飛奔？祝融告休酌卑尊：

錯陳齊玫辟華園，芙蓉披猖塞鮮繁；

千鐘萬鼓咽耳喧，攢雜啾嚄沸篪塤。

彤幢絳斿紫蠹幡，炎官熱屬朱冠褌。

髹其肉皮通髐臋，頹胸坥腹車掀轅。

緹顏靽股豹兩鞬；霞車虹靷日轂輇，

丹蕤緜蓋緋繒帠。紅帷赤幕羅脤膰，

盂池波風肉陵屯，谽呀巨壑頗黎盆，

豆登五山瀛四樽。熙熙醹酺笑語言，

雷公擘山海水翻。齒牙嚼齧舌齶反，

電光礔礰頳目暖。顓冥收威避玄根，

斥棄輿馬背厥孫。縮身潛喘拳肩跟，

君臣相憐加愛恩。命黑螭偵焚其元，

天關悠悠不可援。夢通上帝血面論，

側身欲進叱于閽。帝賜九河滌涕痕，

又詔巫陽反其魂，徐命之前問"何冤"？

"火行于冬古所存，我如禁之絕其飧。
女丁婦壬傳世婚，一朝結仇奈後昆！
時行當反慎藏蹲：視桃著花可小騫，
月及申酉利復怨。助汝五龍從九鯤，
溺厥邑囚之昆侖。"皇甫作詩止睡昏，
辭夸出真遂上焚。要余和增怪又煩，
雖欲悔舌不可捫。

本詩可算是韓愈詩集中集奇詭大成的作品，詩歌描繪在冬季山林中發生大火的情況，全詩共分三部分：第一部分自「山狂谷很相吐吞」至「燖炰煨爊孰飛奔」，寫陸渾山冬季發生山火，風大火猛，燒得飛禽走獸無處逃奔，連鬼神都被燒得焦頭爛額；第二部分自「祝融告休酌卑尊」至「電光礰礰赬目瞬」，寫在一片火海中，火神祝融興高采烈，大宴賓客，得意洋洋；第三部分自「顓冥收威避玄根」至「雖欲悔舌不可捫」，寫水神遣使上訴天帝，天帝感到很為難，勸水神暫避其鋒，等待適當時機，再給火神以懲處。全詩想像豐富，用詞誇張，詩風奇險，光怪陸離，眩人耳目。《唐宋詩醇》說：「只是詠野燒耳，寫得如此天動地岐，憑空結撰，心花怒放。」近人孫昌武說：

詩中摹寫烈火燎原的壯觀，使用奇辭僻典，輔以想象誇張，使人驚心動魄。特別是刻劃火神飲宴場面，以擬人手法寫炎官、水神，涉想離奇，表現譎怪，創造出一個奇幻莫測的超現實境界。詩中山狂谷很、天跳地啍、神焦鬼爛、頹胸垤腹等詞語，都戛戛獨造，富於表現力。句法上則諸種句式皆備：律句、散句、柏梁體交錯使用；句中節奏又有意打破七言上四下三的一般形式；韻律上多用險韻，多用連三平以至一句後四字、後五字皆平的辦法。這些都有助於造成奇拔恢詭的藝術印象。（《韓愈選集》）

此外，韓詩中有些具體寫物，寫事的詩篇，也都寫得生動逼真，而且往往托物寄意，發人深思。如《石鼓歌》（詩見下），詩作於元和六年。石鼓是我國傳世的珍貴文物，爲今存刻石中最早的，其形如鼓，所以稱爲《石鼓》，一共是十首組詩（四言詩），分刻在十個鼓形的石上。書體是大篆，刻法又精工，因此受到後代考古學家，文字學家的重視。

《石鼓歌》：

張生手持《石鼓文》，勸我試作《石鼓歌》。

少陵無人謫仙死，才薄將奈石鼓何！

周綱凌遲四海沸，宣王憤起揮天戈。

大開明堂受朝賀，諸侯劍珮鳴相磨。

搜于岐陽騁雄俊，萬里禽獸皆遮羅。

鐫功勒成告萬世，鑿石作鼓隳嵯峨。

從臣才藝咸第一，揀選撰刻留山阿。

雨淋日炙野火燎，鬼物守護煩撝訶。

公從何處得紙本？毫髮盡備無差訛。

辭嚴義密讀難曉，字體不類隸與科。

年深豈免有缺畫，快劍斫斷生蛟鼉；

鸞翔鳳翥眾仙下，珊瑚碧樹交枝柯；

金繩鐵索鎖紐壯；古鼎躍水龍騰梭。

陋儒《編詩》不得入，《二雅》褊迫無委蛇。

孔子西行不到秦，掎摭星宿遺羲娥。

嗟余好古生苦晚，對此涕淚雙滂沱。

憶昔初蒙博士征，其年始改稱元和。

故人從軍在右輔，為我量度掘臼科。

濯冠沐浴告祭酒：如此至寶存豈多！

氈苞席裹可立致，十鼓只載數駱駝。

薦諸太廟比郜鼎，光價豈止百倍過。

聖恩若許留太學，諸生講解得切磋。

觀經鴻都尚填咽，坐見舉國來奔波。

剜苔剔蘚露節角，安置妥帖平不頗。

大廈深簷與蓋覆，經歷久遠期無佗。

中朝大官老于事，詎肯感激徒媕婀！

牧童敲火牛礪角，誰復著手爲摩挲。

日銷月鑠就埋沒，六年西顧空吟哦。

羲之俗書趁姿媚，數紙尚可博白鵝。

繼周八代爭戰罷，無人收拾理則那。

方今太平日無事，柄用儒術崇丘　軻。

安能以此上論列，願借辯口如懸河。

石鼓之歌止于此，嗚呼吾意其蹉跎！

前人認爲本篇是運用寫古文的藝術手段來寫的。汪佑南《山涇草堂詩話》說：「首段敘石鼓來歷，次段寫石鼓正面，三段從空中著筆作波瀾，四段以感慨結。妙處全在三段凌空議論，無此即嫌平直，古詩章法通古文，觀此益

信。」其中「年深豈免有缺畫」六句，描寫石鼓文字形、筆力、筆勢，運用比喻、想像，「語重句奇，光怪雄渾」（汪佑南《山涇草堂詩話》）。敘事筆力健舉，描摹形神兼備，音節鏗鏘有致，氣格渾穆厚重，典型地代表了韓詩雄奇高古的風格。

第五節　　紀遊寫景

韓詩中有些歌詠祖國壯麗河山和描繪自然景物的作品，這些作品都寫得很有特色，茲舉例說明如下：

（1）《南山詩》

吾聞京城南，茲惟群山圍。東西兩際海，
巨細難悉究。山經及地志，茫昧非受授。
團辭試提挈，掛一念萬漏。欲休諒不能，
粗敍所經覯。嘗昇崇丘望，戢戢見相湊。
晴明出稜角，縷脈碎分繡。蒸嵐相澒洞，
表裏忽通透。無風自飄籟，融液煦柔茂。
橫雲時平凝，點點露數岫。天空浮脩眉，
濃綠畫新就。孤撐有巉絕，海浴褰鵬噣。

春陽潛沮洳，濯濯吐深秀。巖巒雖嵂崒，
軟弱類含酎。夏炎百木盛，蔭鬱增埋覆。
神靈日歊歔，雲氣爭結構。秋霜喜刻轢，
礫卓立癯瘦。參差相疊重，剛耿陵宇宙。
冬行雖幽墨，冰雪工琢鏤。新曦照危峨，
億丈恆高袤。明昏無停態，頃刻異狀候。
西南雄太白，突起莫閒簉。藩都配德運，
分宅占丁戊。逍遙越坤位，詆訐陷乾竇。
空虛寒兢兢，風氣校搜漱。朱維方燒日，
陰霾縱騰糅。昆明大池北，去覿偶晴晝。
綿聯窮俯視，倒側困清漚。微瀾動水面，
踊躍躁猱狖。驚呼惜破碎，仰喜呀不仆。
前尋徑杜墅，岪蔽畢原陋。崎嶇上軒昂，
始得觀覽富。行行將遂窮，嶺陸煩互走。
勃然思坼裂，擁掩難恕宥。巨靈與夸娥，
遠賈期必售。還疑造物意，固護蓄精祐。
力雖能排斡，雷電怯呵訽。攀緣脫手足，
蹭蹬抵積甃。茫如試矯首，堛塞生怐愗。
威容喪蕭爽，近新迷遠舊。拘官計日月，
欲進不可又。因緣窺其湫，凝湛閟陰獸。

魚蝦可俯掇，神物安敢寇。林柯有脫葉，
欲墮鳥驚救。爭銜彎環飛，投棄急哺鷇。
旋歸道迴睨，達枿壯復奏。吁嗟信奇怪，
峭質能化貿。前年遭譴謫，探歷得邂逅。
初從藍田入，顧盻勞頸脰。時天晦大雪，
淚目苦矇瞀。峻塗拖長冰，直上若懸溜。
褰衣步推馬，顛蹶退且復。蒼黃忘遐眺，
所矚纏左右。杉篁咤蒲蘇，杲耀攢介冑。
專心憶平道，脫險逾避臭。昨來逢清霽，
宿願忻始副。崢嶸躋冢頂，條閃雜鼯鼬。
前低劃開闊，爛漫堆眾皺。或連若相從，
或蹙若相鬥。或妥若弭伏，或竦若驚雊。
或散若瓦解，或赴若輻湊。或翩若船遊，
或決若馬驟。或背若相惡，或向若相佑。
或亂若抽筍，或嵲若炷灸。或錯若繪畫，
或繚若篆籀。或羅若星離，或蓊若雲逗。
或浮若波濤，或碎若鋤耨。或如賁育倫，
賭勝勇前購。先強勢已出，後鈍嗔詬譳。
或如帝王尊，叢集朝賤幼。雖親不褻狎，
雖遠不悖謬。或如臨食案，肴核紛飣餖。

又如遊九原，墳墓包槨柩。或纍若盆罌，
或揭若登豆。或覆若曝鱉，或頹若寢獸。
或蜿若藏龍，或翼若搏鷲。或齊若友朋，
或隨若先後。或迸若流落，或顧若宿留。
或戾若仇讎，或密若婚媾。或儼若峨冠，
或翻若舞袖。或屹若戰陣，或圍若蒐狩。
或靡然東注，或偃然北首。或如火熹焰，
或若氣饙餾。或行而不輟，或遺而不收。
或斜而不倚，或弛而不彀。或赤若禿鬝，
或燻若柴槱。或如龜坼兆，或若卦分繇。
或前橫若剝，或後斷若姤。延延離又屬，
夬夬叛還遘。喁喁魚闖萍，落落月經宿。
闇闇樹牆垣，巘巘架庫廐。參參削劍戟，
煥煥銜瑩琇。敷敷花披蕚，閜閜屋摧霤。
悠悠舒而安，兀兀狂以狃。超超出猶奔，
蠢蠢駭不懋。大哉立天地，經紀肖營腠。
厥初孰開張，僶俛誰勤侑。創茲樸而巧，
戮力忍勞疚。得非施斧斤，無乃假鉏耰。
鴻荒竟無傳，功大莫酬僦。嘗聞於祠官，
芬苾降歆嗅。斐然作歌詩，惟同贊報酬。

南山即終南山，指長安城南群山，秦嶺山脈之一部。詩作於元和元年六月。終南山雄偉壯麗，常為詩人作為吟詠對象。在韓愈以前，王維、李白、祖詠等都以這為題材寫過不少好詩，與韓愈同時的孟郊寫過《遊終南山》詩：「南山塞天地，日月石上生」兩句，概括描寫終南山雄偉狀大的氣勢，曾為韓愈讚為絕唱。

韓愈詩中寫到終南山的也不少，但以這首古體長詩《南山詩》最具特色，具有鮮明的獨特風格。他兼採辭賦和散文章法入詩，結構宏偉，意境博大，氣力雄厚。詩人以其生花妙筆，圍繞著終南山這個中心，採用正寫、側寫、實寫、虛寫、詳寫、略寫各種不同的寫法，以及曲折多變的章法，描繪出終南山雄偉壯麗的氣象。詩的氣勢與山的氣勢兩相照應，使全詩既雄奇恣肆又工整自然。詩中第四段，是全詩中描寫最精彩的部分。詩人描寫從山頂俯瞰終南山形勝，七十餘句中連用五十一個"或"字，又用十四個疊字，比物取象，不僅寫出了終南山的千姿百態，奇形怪狀，而且簡直是"以畫家之筆，寫得南山靈異縹渺，光怪陸離"（顧嗣立《昌黎先生詩集註》）。可以說

作者把大賦鋪排誇張、雕鏤形容的表現手段，運用發揮到
極致。前人曾把此詩比作是賦中的《兩京》、《三都》，
認爲"不讀《南山詩》，那識五言材力，放之可以至於如
是，猶賦中之《兩京》、《三都》乎。彼以囊括苞符，此
以鐫鑱造化"（金淮生《粟香三筆》卷一）。這首詩，充
分顯示了詩人的學力和才華，稱得上是描寫終南山詩的傑
作。本詩後人評價極高，有人將它和杜甫的《北征》相
比，認爲二詩各具特色。⑪甚或認爲《南山詩》係用杜詩
《北征》詩體作。⑫ 有人說：「讀退之《南山》詩，頗覺
似《上林》、《子虛》賦，才之小者不能到。」⑬ 范希文
《對床夜話》稱讚：「『延延離又屬， ...』連十四句皆
用雙字起，蓋亦古詩『青青河畔草，鬱鬱園中柳』之
意」。《唐宋詩醇》說：「通篇氣脈逶迤，筆勢竦峭，蹊
徑曲折，包孕宏深，非此乎亦不足以稱題也。」按後人論
韓愈詩，往往及於《南山》，就藝術表現上說，韓愈在本
詩中將自己的藝術追求發揮到了極致，在結構佈局，鋪陳
描寫，語言運用，韻律安排等方面，都突出表現了韓詩尚
奇求新，不避誇飾的特色。全詩在鋪排的繁富，狀景的生
動，奇詞險韻的運用，氣勢的烘托等方面所表露的才力與
技巧，是難以企及的。⑭

（2）《山石》

山石犖确行徑微，黃昏到寺蝙蝠飛。

升堂坐階新雨足，芭蕉葉大支子肥。

僧言古壁佛畫好，以火來照所見稀。

鋪床拂席置羹飯，疏糲亦足飽我飢。

夜深靜臥百蟲絕，清月出嶺光入扉。

天明獨去無道路，出入高下窮煙霏。

山紅澗碧紛爛漫，時見松櫪皆十圍。

當流赤足踏澗石。水聲激激風吹衣。

人生如此自可樂，豈必局束爲人鞿？

嗟哉吾黨二三子，安得至老不更歸！

　　在韓愈的紀游寫景詩中，《山石》一首，是膾炙人口的名篇。是詩人貞元十七年（801）七月與侯喜等同游洛陽城北惠林寺時所作。詩中寫山中晚景夜寺的安靜，月色的幽美，詩人遊興之濃，遠離公務之樂，都很形象生動。全詩二十句，詩人選取了最能體現山野自然之美和自由自在生活之美的景物，從特定時間、特定天氣裡景物的不同色調、晦明動靜等著筆，通篇用白描寫景，一句一個境界，

宛如一幅絕妙的連環風景畫。全詩語言流暢，風格清新，在韓詩中別具一格。詩論家何焯說它「直書即目，無意求工，而文自至，一變謝家（靈運）模範之跡。如畫家之有荊（浩）、關（仝）」（《義門讀書記》昌黎集第一卷評語）點出了它在寫景詩發展中的地位。方東樹也稱此詩「只是一篇遊記，而敘寫簡妙，猶是古文手筆。」又說：「情景如見，句法高古。」，「不事雕琢，自見精彩，真大家手筆」（《昭昧詹言》卷十二）。劉熙載說：「昌黎詩陳言務去，故有倚天拔地之意，《山石》一作，辭奇意幽。」（《藝概》）都給予此詩很高的評價。金代詩人元好問在《論詩》中把北宋　秦觀的「有情芍藥含春淚，無力薔薇臥曉枝」（《春雨》）和韓愈的《山石》相比，說「拈出退之《山石》句，始知渠（指秦觀）是女郎詩。」以為韓詩勁健而秦詩柔媚，這是很恰當的評論。

此外，在韓愈大量并非專事寫景的詩歌中，也有不少絕妙的寫景片段。如《答張十一功曹》頭四句：「山淨江空水見沙，哀猿啼處兩三家。篔簹竟長纖纖筍，躑躅閑開艷艷花。」寫貶所陽山的荒涼景象；《盧郎中雲夫寄示送盤谷子詩兩章歌以和之》頭六句：「昔尋李愿向盤谷，正

是高崖巨壁爭開張。是時新晴天井溢，誰把長劍倚太行？
衝風吹破落天外，飛雨白日灑洛陽。」寫太行山瀑布的壯
觀景象。《送惠師》中：「夜宿最高頂，舉頭看星辰。光
芒相照燭，南北爭羅陳。茲地絕翔走，自然嚴且神。微風
吹木石，澎湃聞韶鈞。夜半起下視，溟波銜日輪。魚龍驚
踊躍，叫嘯成悲辛。怪氣或紫赤，敲磨共輪困。金鴉既騰
翥，六合俄清新。」十六句，寫登天台上看星辰，觀日出
景象。《送靈師》中，「瞿塘五六月，驚電讓歸船。怒水
忽中裂，千尋墮幽泉。環迴勢益急，仰見團團天。投身豈
得計，性命甘徒捐。浪沫蹙翻湧。漂浮再生全。同行十二
人，魂骨俱坑塡。」十二句寫瞿塘遇險景象。《謁衡岳廟
遂宿寺題門樓》中，「我來正逢秋雨節，陰氣晦昧無清
風。潛心默禱若有應，豈非正直能感適。須臾靜掃眾峰
出，仰見突兀撐青空。紫蓋連延接天柱，石廩騰擲堆祝
融。」八句，寫秋空陰晴變化雲霧中的衡山景象。《此日
足可惜一首贈張籍》中：「夜濟十里黃，中流上灘潭。沙
水不可詳，驚波暗合沓。」四句，寫夜渡黃沙時景象。
《答張徹》詩中「洛邑得休告，華山窮絕陘。倚巖睨海
浪，引袖拂天星。」「磴蘚澾拳跼，梯颭颭伶俜。悔狂已
咋指，垂誡仍鐫銘。」八句，寫華山絕徑，懸崖奇險景

象。以上這些寫景片段，窮極山水景物狀志，雄奇恣縱，卓犖有致。

《岳陽樓別竇司直》詩中開頭三十二句：

洞庭九州間，厥大誰與讓？南匯群崖水，
北注何奔放。瀦爲七百里，吞納各殊狀，
自古澄不清，環混無歸向。炎風日搜攪，
幽怪多冗長，軒然大波起，宇宙隘而妨。
巍峨拔嵩　華，騰踔較健壯，聲音一何宏，
轟輵車萬兩。猶疑帝軒轅，張樂就空曠，
蛟螭露筍虡，縞練吹組帳。鬼神非人世，
節奏頗跌踼，陽施見誇麗，陰閉感悽愴。
朝過宜春口，極北缺隄障，夜纜巴陵洲，
叢芮纏可傍。星河盡涵泳，俯仰迷下上，
餘瀾怒不已，喧聒鳴甕盎。

寫洞庭湖洪濤壯觀，從湖的面積，湖中、湖周景物寫到白天，夜晚景色的變異，氣象萬千，令人目不暇接，范仲淹名作《岳陽樓記》寫景部分，有些地方都脫胎於此。⑮

除上述詩中這種刻意錘鍊，色彩濃郁的作品外，又有另一種清秀絕塵的寫景好詩，如「江作青羅帶，山如碧玉簪」（《送桂州嚴大夫》），「太白山高三百里，負雪崔嵬插花裏。」（《奉酬盧給事雲夫四兄〈曲江荷花行〉見寄，并呈上錢七兄閣老，張十八助教》）等詩句，都是不繁繩削，自然高妙。

第六節　　批判佛老

韓愈是儒家的忠實信徒，封建正統的擁護者，因此他排斥道教，力斥學道成仙的荒謬。德宗 貞元十年，果州（今之小南充縣）有位女道士名叫謝自然，她是孝廉謝寰之女，七歲出家爲女道士，十四歲絕食，這一年的十一月，她白日飛升成仙，好事者眾口相傳，盛極一時 ⑯。果州刺史李堅鄭重其事地向皇帝報告，德宗下詔褒獎，韓愈聽後寫了一首《謝自然詩》（詳下）。鳳翔縣（在長安西北）的法門寺有一座護國真身塔，塔內藏有一節指骨，據說是釋迦牟尼佛的遺骨，稱爲 "佛骨"。佛骨每三十年展覽一次，傳說能使「人安歲豐」。憲宗 元和十四年正月，

憲宗派一個宦官，領著三十個宮女，手捧香花，到法門寺
內把佛骨迎出，送進長安皇宮裡面，供奉了三天，又送到
寺院公開展覽。整個長安城都爲這節佛骨轟動起來了。有
錢的慷慨捐獻財物，盡管平日也許視錢如命；無錢的只得
遵從和尚的教導，燒焦頭皮和手指，用苦行表示禮佛的誠
心。供放佛骨的廟宇熱鬧極了；自朝至暮擁擠著瞻拜的人
群，奔走施捨，惟恐不及。韓愈聽後，本著保衛儒家道統
的信念，力斥佛骨的荒誕不經而上了《論佛骨表》，因而
觸怒憲宗，被貶爲潮州刺史。

（1）　《謝自然詩》

　　　　果州　南充縣，寒女謝自然：童騃無所識，
　　　　但聞有神仙。輕生學其術，乃在金泉山。
　　　　繁華榮慕絕，父母慈愛捐。凝心感魑魅，
　　　　慌惚難具言。一朝坐空室，雲霧生其間。
　　　　如聆笙竽韻，來自冥冥天。白日變幽晦，
　　　　蕭蕭風景寒。檐楹暫明滅，五色光屬聯。
　　　　觀者徒傾駭，躑躅詎敢前？須臾自輕舉，
　　　　飄若風中煙。茫茫八紘大，影響無由緣。
　　　　里胥上其事，郡守驚且嘆！驅車領官吏，

氓俗爭相先。入門無所見,冠屨同蛻蟬。
皆云神仙事,灼灼信可傳。余聞古夏后,
象物知神姦,山林民可入,魑魅莫逢旃。
逶迤不復振,後世恣欺漫。幽明紛雜亂,
人鬼更相殘。秦皇雖篤好,漢武洪其源。
自從二主來,此禍竟連連。木石生怪變,
狐狸騁妖患。莫能盡性命,安得更長延。
人生處萬類,知識最為賢。奈何不自信,
反欲從物遷。往者不可悔,孤魂抱深冤。
來者猶可誡,余言豈空文。人生有常理,
男女各有倫。寒衣及飢食,在紡績耕耘。
下以保子孫,上以奉君親。苟異於此道,
皆為棄其身。噫乎彼寒女,永托異物群。
感傷遂成詠,昧者宜書紳。

全詩以女道士成仙的荒誕故事為由頭,歷數秦始皇,漢武帝崇信神仙之說所產生的流毒。說古道今,針貶現實,作者在詩中批判神仙迷信之說,重視知識的作用。「人生處萬類,知識最為賢。奈何不自信,反欲從物遷。」這種思想值得我們珍視。王元啓說:「按謝自然事,當日俱奉為

神仙，公謂此特爲妖魅所惑。末言人生常理，不但議論宏偉，其一片至誠惻怛之心，尤足令人感悚。」（《讀韓記疑》）<u>顧嗣立</u>說：「公排斥佛老，是平生得力處，此篇全以議論作詩，詞嚴義正，明目張膽，《原道》，《佛骨表》之亞也。」（<u>昌黎</u>先生詩集注）

（2）《華山女》

　　街東街西講佛經，撞鐘吹螺鬧宮庭，
　　廣張罪福資誘脅，聽眾狎恰排浮萍。
　　黃衣道士亦講說，座下寥落如明星。
　　<u>華山</u>女兒家奉道，欲驅異教歸仙靈。
　　洗妝拭面著冠帔，白咽紅頰長眉青，
　　遂來升座演眞訣，觀門不許人開扃。
　　不知誰人暗相報，訇然振動如雷霆。
　　掃除眾寺人跡絕，驊騮塞路連輜軿。
　　觀中人滿坐觀外，後至無地無由聽。
　　抽釵脫釧解環佩，堆金疊玉光青熒。
　　天門貴人傳詔召，六宮願識師顏形。
　　玉皇頷首許歸去，乘龍駕鶴來青冥。
　　豪家少年豈知道？來繞百匝腳不停。

雲窗霧閣事慌惚，重重翠幔深金屏。

仙梯難攀俗緣重，浪憑青鳥通丁寧。

　　按：唐代女子出家修道的很多，一時蔚為風氣。據
《唐六典》所說，當時全國一千六百餘所道觀，有三分之
一以上為女道觀。這些女道士作風浪漫，并不都認真修
道。本詩所寫的華山女，就是以色相技藝傾動一時的女道
士。她故弄玄虛，炫耀姿色。以至轟動四方，連皇帝也甘
受愚弄，最後，寫她同豪家少年產生曖昧關係，從鬧劇寫
到醜劇，處處透出諷刺之意。作者用誇張，漫畫式的筆法
加以渲染、描寫。這首詩和《謝自然詩》，同是以反對道
佛為主題，而手法迥異，「《謝自然》詩顯斥之，《華山
女》詩微刺之。」（沈德潛《唐詩別裁集》）前詩是正面
勸告人們不要迷信，本詩則是側面的諷刺、揭露。

（3）　《桃源圖》

　　　　神仙有無何渺茫，桃源之說誠荒唐。

　　　　流水盤回山百轉，生綃數幅垂中堂。

　　　　武陵太守好事者，題封遠寄南宮下。

　　　　南宮先生忻得之，波濤入筆驅文辭。

文工畫妙各臻極，異境恍惚移於斯。

架岩鑿谷開宮室，接屋連墙千萬日。

嬴顛劉蹶了不聞，地坼天分非所恤。

種桃處處惟開花，川原近遠烝紅霞。

初來猶自念鄉邑，歲久此地還成家。

漁舟之子來何所？物色相猜更問語。

大蛇中斷喪前王，群馬南渡開新主。

聽終辭絕共淒然，自說經今六百年，

當時萬事皆眼見，不知幾許猶流傳。

爭持酒食來相饋，禮數不同樽俎異，

月明伴宿玉堂空，骨冷魂清無夢寐。

夜半金雞喔哳鳴，火輪飛出客心驚，

人間有累不可住，依然離別難爲情。

船開櫂進一回顧，萬里蒼蒼煙水暮。

世俗寧知僞與眞，至今傳者武陵人。

本篇和《謝自然詩》，用意都在揭露迷信的虛妄。自從陶淵明寫《桃花源記》之後，題詠桃源的人逐漸把陶淵明的理想境界變爲神仙境界。先於韓愈的大詩人王維在《桃源行》中把桃花源說是“物外”的“仙源”，桃花源中的人

是“避地去人間”，“成仙逐不還”的。和韓愈同時的大詩人劉禹錫在《桃花源一百韻》中也說桃花源裡有仙翁的竹杖、王母的桃核、妊女的丹砂、青童的金液，真是寶氣神光，“虛無天樂”。因此，韓愈借桃源圖畫爲題材，力闢神仙之說，指出“神仙有無何眇芒，桃源之說誠荒唐。”摒排眾議，恢復桃花源的本來面目：桃花源不過是傳說之鄉、想像之境。他反對佛教、道教的虛妄迷信和對社會生活的影響，通過具體形象的描繪，在《送靈師》詩中，說：「佛法入中國，爾來六百年。齊民逃賦役，高士著幽禪。官吏不之制，紛紛聽其然。耕桑日失隸，朝署時遺賢」。《送僧澄觀》開首便闢空而下：「浮屠西來何施爲？擾擾四海高奔馳。....向風長嘆不可見，我欲收斂加冠巾。」在舉世佞佛的風氣中，對「西來之教」進行了無情的嘲弄。全詩以議論開始，以議論結束，中間夾以桃花源中的故實，既突出了議論的意義，又不顯得空泛。翁方綱說：「桃源圖，即仍《原道》大議論，而於敘景出之。」（《石洲詩話》）。

此外，像《誰氏子》詩中：「神仙雖然有傳說，知者盡知其妄矣」。揭露服食求仙的虛妄，一針見血。此皆足

說明韓愈維護儒學道統，揭露批判道、佛二教之迷信虛妄。

第七節　嘲弄諧謔

　　韓愈有意突破儒家「詩教」傳說，將詼諧詭怪作爲一種美學風格來追求，他不但在詩歌思想上和創作實踐中有意創導，還以之援入散文創作中，他的《毛穎傳》、《送窮文》等皆以詼諧詭怪筆法爲之。他具備了詩人精細靈敏的感覺，善於捕捉客觀事物的特徵，摹繪出鮮明的藍圖，長卷短軸，各盡其妙。歐陽修稱讚他的詩說：「其資談笑，助諧謔，敍人情，狀物態，一寓於詩，而曲盡其妙。」（《六一詩話》），茲說明如下：

（1）　《落齒》

　　　　　去年落一牙，今年落一齒；俄然落六七，

　　　　　落勢殊未已。餘存皆動搖，盡落應始止。

　　　　　憶初落一時，但念豁可恥；及至落二三，

　　　　　始憂衰即死。每一將落時，懍懍恆在己。

　　　　　叉牙妨食物，顛倒怯漱水；終焉舍我落，

意與崩山比。今來落既熟,見落空相似。
餘存二十餘,次第知落矣。倘常歲落一,
自足支兩紀。如其落并空,與漸亦同指。
人言齒之落,壽命理難恃;我言生有涯,
長短俱死爾!人言齒之豁,左右驚諦視;
我言莊周云:木雁各有喜。語訛默固好,
嚼廢軟還美。因歌遂成詩,持用詫妻子。

此詩作於德宗 貞元十九年,時三十六歲。韓愈身體早衰,中年時即髮白齒落,在詩文中屢有提及。《祭十二郎文》中說:「吾年未四十,而視茫茫,而髮蒼蒼,而齒牙動搖。」《與崔群書》中也提及:「近者尤衰憊,左車第二牙無故動搖脫去,目視昏花,尋常間便不分人顏色,兩鬢半白,頭髮五分亦白其一,須亦有一莖兩莖白者」。《赴江陵途中》詩說:「自從齒牙缺」,《感春》說:「語誤悲齒墮」。《贈劉師服》說:「今我牙豁落者多,所存十餘皆兀臲」《寄崔二十六立之》說:「所餘十九齒,飄飄盡浮危」等。本詩描述齒落之狀,甚為生動有趣,所抒寫的感想亦莊亦諧,表現出作者達觀的態度和倔強的精神。有人說:韓愈這種以身邊瑣事為題材,陶淵明、杜甫都是

能手。他雖是向前人學習，卻有他自己的風格。<u>查慎行</u>說：「曲折寫來，只如白話。」（《十二種詩評》）<u>朱彝尊</u>說：「真率意，道得痛快，正是<u>昌黎</u>本色。」（《批韓詩》）。

（2） 《嘲鼾睡二首》：

❶ <u>澹師</u>晝睡時，聲氣一何猥。頑颷吹肥脂，
坑谷相嵬磊。雄哮乍咽絕，每發壯益倍。
有爲阿鼻尸，長喚忍眾罪。馬牛驚不食，
百鬼聚相待。木枕十字裂，鏡面生痱癗。
鐵佛聞皺眉，石人戰搖腿，孰云天地仁，
吾欲責眞宰。幽尋虱搜耳，猛作濤翻海。
太陽不忍明，飛御皆惰怠。乍如<u>彭</u>與<u>黥</u>，
呼冤受葅醢。又如圈中虎，號瘡兼吼餒。
雖令伶倫吹，苦韻難可改。雖令<u>巫咸</u>招，
魂爽難復在。何山有靈藥？療此願與採。

❷ <u>澹公</u>坐臥時，長睡無不穩。吾嘗聞其聲，
深慮五藏損。<u>黃河</u>弄濆瀑，梗澀連拙鯀。
南帝初奮槌，鑿竅泄混沌。迴然忽長引，

萬丈不可忖。謂然絕於斯，繼出方袞袞。

幽幽寸喉中，草木森苯尊。盜賊雖狡獪，

亡魂敢窺閫。鴻蒙總合雜，詭譎騁庾狠。

乍如鬥呦呦，忽若怨懇懇。賦形苦不同，

無路尋根本。何能堙其源？惟有土一畚。

這兩首詩，宋人周紫芝以為「語極怪譎，退之平日未嘗用佛家語作詩，……其非退之作決矣。」（見《竹坡詩話》）乾隆御製《唐宋詩醇》亦以此篇為集外遺詩，認為淺俚醜惡，直應削去，而不言列諸集中者也。葛立方《韻語陽秋》：「《歸叟詩話》載《鼾睡》詩一篇，以為韓退之遺文，其實非也。所謂"有為阿鼻尸，長喚忍眾罪""鐵佛聞皺眉，石人戰搖腿"等句，皆不成語言，而厚誣退之，不亦冤乎？」。但明人何孟春卻認為「此張籍之所謂駁雜者，退之特用為戲耳。」（見《餘冬詩話》），清人何焯亦認為「此篇多用佛經，因其浮屠而戲之」（見《義門讀書記》）。方世舉亦贊同此篇為韓愈所作，（見《昌黎詩集編年箋注》）。蔣抱玄說：「造語之奇，嵌字之險，確為韓公一家法。」（《評注韓昌黎詩集》）。韓愈喜歡和朋友開玩笑，在《寄崔二十六立之》和《孟東野

失子》等詩裏，可體味到他這種幽默，這是韓愈特有的風趣，也就是歐陽修所說的"憑談笑，助諧謔"的特點。像本詩第一篇寫澹公晝睡打鼾，用的是極度誇張的手法。將澹公的鼾聲比爲彭越，英布「呼冤受葅醢」之聲，比爲虎嘯之聲，形容震動力之大，使得「木枕十字裂，鏡面生痱瘤」，極盡誇張之能事。

第二首：「澹公坐臥時，長睡無不穩。吾嘗聞其聲，深慮五藏損。黃河弄潰瀑，梗澀連拙鮌。」也是採用高度的藝術誇張，將澹師的打鼾聲，比作黃河的瀑布聲，非常形象生動，足見他豐富的想像力。由此，讓我們覺得韓愈並不是一個道貌岸然，不苟言笑的儒者。此類題材，寫得最生動的，恐怕要算《寄盧仝》了。

　　玉川先生洛城里，破屋數間而已矣。
　　一奴長鬚不裹頭，一婢赤腳老無齒。
　　辛勤奉養十餘人，上有慈親下妻子。
　　先生結髮憎俗徒，閉門不出動一紀。
　　至今鄰僧乞米送，僕忝縣尹能不恥。
　　俸錢供給公私餘，時致薄少助祭祀。

勸參留守謁大尹，言語才及輒掩耳。

水北山人得名聲，去年去作幕下士。

水南山人又繼往，鞍馬僕從塞閭里。

<u>少室</u>山人索價高，兩以諫官徵不起。

彼皆剌口論世事，有力未免遭驅使。

先生事業不可量，惟用法律自繩己。

《春秋》三傳束高閣，獨抱遺經究終始。

往年弄筆嘲同異，怪辭驚眾謗不已。

近來自說尋坦塗，猶上虛空跨駼駬。

去年生兒名<u>添丁</u>，要令與國充耘耔。

國家丁口連四海，豈無農夫親耒耜？

先生抱才終大用，宰相未許終不仕。

假如不在陳力列，立言垂範亦足恃。

苗裔當蒙十世宥，豈謂貽厥無基阯。

故知忠孝生天性，潔身亂倫安足擬？

昨晚長鬚來下狀：「隔墻惡少惡難似。

每騎屋山下窺瞰，渾舍驚怕走折趾。

憑依婚媾欺官吏，不信令行能禁止。」

先生受屈未曾語，忽此來告良有以。

嗟我身為赤縣令，操權不用欲何俟！

立召賊曹呼伍伯：盡取鼠輩尸諸市！

先生又遣長鬚來：「如此處置非所喜。

況又時當長養節，都邑未可猛政理。」

先生固是余所畏，度量不敢窺涯涘。

放縱是誰之過歟？效尤戮僕愧前史。

買羊沽酒謝不敏，偶逢明月耀桃李。

先生有意許降臨，更遣長鬚致雙鯉。

此詩作於元和六年春。盧仝號玉川子，濟源人（一說范陽人），是唐代名詩人之一，也是屬於韓愈這個文學集團的人物 --- 所謂"韓門"詩人。隱居登封 少室山，不仕，賈島說他：「平生四十年，惟著白布衣」，詩風險峻奇崛，韓愈欣賞他的詩。這首詩用充滿同情和友愛的筆調，描摹了封建社會中一個不通世事的下層知識份子的形象：他品格高尚，不慕榮利；立身行事與世俗不合，然而并非矯情欺世；他受人欺侮，很感氣憤，可是過後又能寬恕不究。--- 這是一個與眾不同的人 ，但又是一個普通的人。這首詩分爲兩大段，自「玉川先生洛城里」至「潔身亂倫安足擬」爲前一大段，是描寫盧仝的高潔品行。自「昨晚長須來下狀」至「更遣長須致雙鯉」爲後一大段，是記敘

他受惡人欺凌的一次趣事。在前面一段裡，韓愈除了從正面來讚頌盧仝外，又把三個所謂"山人"的人來和他做了對比，這就是詩裡說的：「水北山人得名聲，去年去作幕下士。水南山人又繼往，鞍馬僕從塞閭里。少室山人索價高，兩以諫官徵不起。彼皆刺口論世事，有力未免遭驅使。」有趣的是，這三個身在江湖，心在朝廷的"山人"--- 水北山人石洪、水南山人溫造與少室山人李渤 --- 都是韓愈的好友，可是韓愈并沒有放鬆對他們的嘲諷，儘管這嘲諷顯然不是出於惡意，但他忍不住還是要把他們嘲諷一下，因爲他鄙薄的是這種虛僞的作風。「去年生兒名添丁，要令與國充耘耔。國家丁口連四海，豈無農夫親耒耜？」這四句寫得很幽默，可見韓愈是喜歡和朋友開玩笑的。「添丁」現在已成爲生孩子的成語，本源就出在這首詩裏。詩的後面一段，活畫出一個老實文人受到欺侮時的無可奈何的形狀。有那一等頑劣的"惡少"，每每騎在屋脊墻頭上窺探他的家庭，駭得盧家大小，驚惶逃避，一宅不安。"惡少"還揚言求親，表示不怕官府的干涉。盧仝忍無可忍，差長鬚奴到縣裡告狀。詩裡說：「嗟我身爲赤縣令，操權不用欲何俟？立召賊曹呼伍伯，盡取鼠輩尸諸市。」身爲河南縣令的韓愈雷厲風行地處分那班"惡

少”。“尸”，陳列的意思；“尸諸市”，想來是把“惡
少”們立枷示眾了。老實的盧仝還認爲這責罰重了，代這
班“惡少”去向韓愈求情。這首長詩，全無雕琢的痕跡，
使人讀來只覺其暢曉如話。它是韓詩中運用口語入詩的一
部分作品。

　　元和三年，年已五十八歲的孟郊連喪三子，心情十分
悲痛凄苦，韓愈爲了安慰他，寫了一首異想天開的詩 ----
《孟東野失子》（并序）：

　　　　東野連產三子，不數日輒失之。幾老，念
無後以悲。其友人昌黎 韓愈，懼其傷也，推天假
其命以喻之。

　　　　失子將何尤？吾將上尤天。女實主下人，
　　　　與奪一何偏？彼於女何有，乃令蓄且延？
　　　　此獨何罪辜，生死旬日間？上呼無時聞，
　　　　滴地淚到泉。地祇爲之悲，瑟縮久不安。
　　　　乃呼大靈龜，騎雲款天門，問天主下人，
　　　　薄厚胡不均？天曰天地人，由來不相關。
　　　　吾懸日與月，吾繫星與辰，日月相噬齧，

星辰踏而顛，吾不女之罪，知非女由緣。

且物各有分，孰能使之然？有子與無子，

禍福未可原。魚子滿母腹，一一欲誰憐？

細腰不自乳，舉族長孤鰥。鴟梟啄母腦，

母死子始翻。蝮蛇生子時，坼裂腸與肝。

好子雖云好，未還恩與勤。惡子不可說，

鴟梟蝮蛇然。有子且勿喜，無子固勿歎。

上聖不待教，賢聞語而遷。下愚聞語惑，

雖教無由悛。大靈頓頭受，即日以命還。

地祇謂大靈：女往告其人。<u>東野</u>夜得夢，

有夫玄衣巾，闖然入其戶。三稱天之言。

再拜謝玄夫，收悲以歡忻。

此詩作法甚為奇特，不類一般的詩，值得注意的是在詩中出現神奇靈龜與天帝，敘述幽默風趣。詩中，<u>韓愈</u>將<u>孟東野</u>失子的責任歸咎於天帝，而天帝卻回答：「天地人由來各不相關，我只管日月星辰。你不知不罪。有子未為福，無子不算禍。有子不要歡喜，無子不用嘆息。聖賢人懂得這個道理。」大靈龜回來報告。<u>孟東野</u>夜間得夢，一個黑衣丈夫對他說了天帝的話。<u>孟東野</u>領悟了，抹去眼淚，不

再悲痛。這首詩如此怪誕奇特,而又如此樂觀風趣,真是意想不到、匪夷所思。孟郊當時讀了韓愈這詩,一定破涕爲笑,所以詩的結句說他"收悲以歡忻(欣)"。程學恂評此詩說:「此詩意旨與《列子・力命篇》略同,而語較奇警。」(韓詩臆說)它是以一組完整的形象來發議論,而取得藝術上成功的一首好詩。此外,像《譴瘧鬼》也是一首詼諧戲謔的詩。詩以南方常見病 --- 瘧疾爲題材,對瘧鬼進行譴責,說它原是神的子孫,由於不修德行,以致墮落爲害人的瘧鬼。全詩雖出之以遊戲之詞,但寓莊於諧,用詼諧的筆調,表達嚴肅的主題。又如《嘲魯連子》,作者在詩中辛辣地嘲笑那些高談闊論的空頭政治家。本篇在作法上,是以古文習見的句法及語尾虛字入詩,如「顧未知之耳。」也是屬於這一類題材的作品。

第八節　抒情小詩

前人都認爲韓愈的才氣高,適合作長篇大論的古詩,而不甚注意他的絕句,其實韓愈的七絕甚有意趣,有他自己獨特的風格。何谿汶《竹莊詩話》引《蒼梧雜志》論其絕句云:「退之盡是直道,更無斧鑿痕」。他的七絕"跌

宕奇古，超出詩人蹊徑。"（李東陽《懷麓堂詩話》），他的一些抒情小詩，實開宋代 江西詩派的"活法"。試看楊萬里的絕句：「園花落盡路花開，白白紅紅各自媚。莫問早行奇絕處，四方八面野香來。」（《過百家渡》）這典型的「誠齋體」詩，是可以在韓愈集中找得到。茲說明如下：

（1） 《早春呈水部張十八員外》

　　　天街小雨潤如酥，草色遙看近卻無。

　　　最是一年春好處，絕勝煙柳滿皇都。

詩寫於長慶三年春，寫早春情景，刻畫得異常生動，頗似一幅煙雨迷濛，草色在有無之間的淡墨畫。黃叔燦《唐詩箋注》評論此詩云：「寫照甚工，正爲畫家設色，在有意無意之間。」這種清麗俊逸的詩風，在韓詩中，甚爲難得。宋 蘇軾模倣此詩寫初冬之景：「荷盡已無擎雨蓋，菊殘猶有傲霜枝，一年好景君須記，最是橙黃橘綠時。」（《贈劉景文》）

（2） 《同水部張員外籍曲江春遊寄白二十二舍人》

漠漠輕陰晚自開，青天白日映樓臺。

曲江水滿花千樹，有底忙時不肯來？

詩作於長慶二年，雖是一首普通的應酬詩，但寫得十分有
風致。尤其是「漠漠」兩句，寫春陰晚晴景象，境界開朗
闊大。有底，猶云有如許或有甚也。亦猶云為甚也。（見
張相《詩詞曲語詞匯釋》）末句有諧趣。故白居易答詩
云：「小畏新種紅纓樹，閑繞花行便當遊，何必更隨鞍馬
隊？衝泥踏雨曲江頭！」

（3）《晚春》

草樹知春不久歸，百般紅紫鬥芳菲。

楊花榆莢無才思，惟解漫天作雪飛。

這是韓愈《游城南》詩十六首之一，寫的是春天郊外的景
致。「草樹」兩句，把草樹擬人化，詩中說他們也愛惜芳
春，趁春天還在，就要盡情開放。詩中把爛漫的春景寫活
了。構思巧妙，輕靈自然，明白如話。「楊花」兩句很有
諧趣，故意嘲弄楊花榆莢，說它們沒有紅紫美艷的花，正
如人沒有才華，不能寫出美麗的文詞來。極無理，又極有

趣致。朱彝尊曰：「此意作何解？然情景卻是如此。」
（《批韓詩》）

（4）《題楚昭王廟》
　　　邱墳滿目衣冠盡，城闕連雲草樹荒。
　　　猶有國人懷舊德，一間茅屋祭昭王。

這是韓愈七絕中的佳作，風骨軒舉，意境蒼莽，係元和十
四年二月二日，韓愈南貶途經襄陽，過楚昭王廟題此詩。
蔣抱玄評曰：「能以氣勢爲風致，愈讀則意愈綿，愈嚼則
字愈香，此是絕句中傑作」。（《評注韓昌黎詩集》）

（5）《晚次宣讀辱韶州張端公使君惠書敘別酬以絕句二
　　　章》（選一）
　　　韶州南去接宣溪，雲山蒼茫日向西。
　　　客淚數行元自落，鷓鴣休傍耳邊啼。

韓愈貶官嶺外，萬里一身，聞鷓鴣之聲，倍感傷懷。詩歌
詞意哀深，而風致絕勝。

（6）　《次潼關先寄張十二閣老使君》

　　　　荆山已去華山來，日照潼關四扇開。

　　　　刺史莫辭迎候遠，相公新破蔡州回。

韓愈隨裴度出征蔡州，討伐吳元濟的叛軍，擔任行軍司馬之職。詩中以闊大的意境，流暢的筆調，寫出大軍凱旋歸來的情景。氣概豪壯，飽含激情。查慎行評此詩說：「氣象開闊，所謂卷波瀾入小詩者。」（《十二種詩評》）

　　此外，如《盆池》五首，也都是抒情詠物的小詩，後人給予極高的評價。朱彝尊說：「俚語俚調，直寫胸臆，頗似少陵《漫興》、《尋花》諸絕。」（《批韓詩》）。方世舉說：「拗峭中見姿制，亦避熟取生之趣」（《昌黎詩繫年箋注》）所謂「避熟」即力去陳言，所謂「取生」即力求新意。程學恂也認為「此五首卻有致，貢父（劉攽）以『老翁童兒』句少之，鄙矣。若獨取『拍岸』、『青蛙』二句，亦無解處。予謂『忽然分散無蹤影，惟有魚兒作隊行』，『且待夜深明月去，試看涵泳幾多星』，乃好句也」（見《韓詩臆說》）。又《青青水中浦》三首，一掃六朝詩浮華淫靡的作風，「語淺意深，可謂鍊藻

繪入平淡，簡法祖《毛詩》，語調則漢 魏歌行耳。」（朱
彝尊《批韓詩》）。

以上將韓詩題材，大略分為八類，雖然說不是絕對，
但對研究韓詩，探討韓詩而言，無疑是方便多了。

【註　釋】

① 胡仔《苕溪漁隱叢話後集》卷三十三引蔡絛《詩評》語。

② 韓　孟詩派，前人亦稱爲「韓門詩派」（淸·余成教《石園詩話》卷二），認爲此派詩人皆出自韓門，明·胡震亨亦有類似主張（見《唐音癸籤》），唯此說並未確切。近人王軍說：「如果說韓愈詩歌成就突出，並接交天下寒士，促使韓　孟　派詩人較爲集中，相互影響更爲直接，使創作傾向更趨一致，這倒是事實。但如果說諸詩人皆出韓門，在韓愈影響下形成此詩派，恐怕還是不夠確切。」（見王軍《韓孟詩派選集》）

③ 錢鍾書《談藝錄》第二頁，中華書局 1984 年補訂本，北京。

④ 《六一詩話》

⑤ 唐時外官以正月朝覲曰朝正。

⑥ 孫昌武《韓愈選集》

⑦ 湯貴仁《韓愈詩選論》

⑧ 方東樹《昭昧詹言》

⑨ 汪佑南《山涇草堂詩話》

⑩ 陳邇冬《韓愈詩選》

⑪ 范溫《潛溪詩眼‧山谷論詩文優劣》：孫莘老嘗謂老杜《北征》詩勝退之《南山》詩：王平甫以謂《南山》勝《北征》，終不能相服。時山谷尙少，乃曰：「若論工巧，則《北征》不及《南山》；若書一代之事，以與《國風》、《雅》、《頌》相爲表裏，則《北征》不可無，而《南山》雖不作未害也。」二公之論遂定。

⑫ 曾季貍《艇齋詩話》

⑬ 胡仔《苕溪漁隱叢話前集》卷二引《雪浪齋日記》。

⑭ 同註⑥

⑮ 吳文治《韓愈》

⑯ 《太平廣記》卷六十六

第四章 韓愈詩的體裁

今存<u>韓愈</u>詩歌,除去一些疑為偽詩 ① 的,共計四百餘首,其中古體詩佔一半以上,近體詩最少,七律在全集中僅十三首,何以<u>韓愈</u>多作古體詩,而少作近體詩?其原因係多方面的。約而言之,可歸為二點:

(一)與<u>韓愈</u>豪放的性格及雄厚博大的才力有關:

<u>趙翼</u>說:「<u>昌黎</u>詩中,律詩最少,五律尚有長篇,及與同人唱和之作,七律則全集僅十二首(應為十三首)。蓋才力雄厚,惟古詩足以恣其馳驟,一束於格式聲病,即難展其所長,故不肯多作 ②」。<u>張戒</u>亦說:「<u>退之</u>詩,大抵才氣有餘,故能擒能縱,顛倒奇崛,無施不可。 ③」他自己也說:「少小尚奇偉」(《縣齋有懷》), 並以「連城價」自許(同上)。他曾把自己比作驚濤拍岸的大海裏的「吞舟鯨」,比作奮翮六合之外的「垂天鵬」,要在大風大浪裏 "作鯨鵬遊" ④,他還把自己說成是 "天地之濱,大江三瀆" 的神龍 "怪物",有能力 "變化風雨上下於天"(《應科目時與人書》)。<u>宋人吳可</u>說:「有大才,作小詩輒不工,<u>退之</u>是也。」⑤ 正由於他這種雄健豪放的氣

質，使他對李、杜詩歌中那種雄渾灝瀚的境界、驚天動地的氣魄、震撼乾坤的韻律，表現出無比的仰慕和傾心。所以他在《醉留東野》一詩中就把自己與孟郊比作是李白和杜甫。他這種氣質，無疑地對他的雄健博大的詩風的形成，產生了極爲巨大的影響。而這種雄健豪放的氣質也只有採用古體詩的形式才有可能得到最充分的表達，因爲古體詩不受格律的嚴格限制，有更多的揮灑空間。他的一些長篇古體詩如《南山詩》、《此日足可惜一首贈張籍》、《赴江陵途中寄贈三學士》等，都寫得富贍雄肆，氣象萬千，如近人錢基博所說「萬怪惶惑，往往盛氣噴薄而出，跌宕淋漓，曲折如意，不復知其爲有韻之文」（《韓愈志·韓集籀讀錄》）。

（二）與他好以古文藝術手段寫作古詩有關：

　　韓愈好作古體詩，也與他好以古文的藝術手段寫作古詩有關。韓愈是一位古文大家，對古文有獨特的造詣，"使他在從事詩歌創作時，情不自禁地要使用作古文的技巧以顯其所長"（程千帆《韓愈以文爲詩說》）。如《山石》，方東樹就認爲"只是一篇遊記，而敘寫簡妙，猶是古文手筆"（《昭昧詹言》卷十二）；如《石鼓歌》，汪佑南也認爲"古詩章法通古文，觀此益信"（《山涇草堂詩話》）。

茲分述如下：

第一節　古　詩

　　韓愈古詩奇崛高古，獨創新境，前人皆有評述。宋人劉攽說：「韓吏部古詩高卓」（《中山詩話》）。清人潘德興說：「（昌黎）古詩崛而堅，是爲李、杜後勁」（《養一齋詩話》）。馬位說：「退之古詩，造語皆根柢經傳，故讀之猶陳列商 周彝縣，古痕斑然，令人起敬。」（《秋窗隨筆》）施補華則對韓愈的古詩有較高的評價，在五古方面，他說：「退之五古，橫空硬語，妥帖排奡，開張處過於少陵而變化不及。中唐以後漸近薄弱，得退之而中興。」在七古方面，他說：「七古盛唐以後，繼少陵而霸者，唯有韓公。韓公七古，殊有雄強奇傑之氣，微嫌少變化耳。少陵七古，多用對偶，退之七古，多用單行，退之筆力雄勁，單行亦不嫌弱，終覺鈐束處太少；少陵七古，間用比興，退之則純是賦」（《峴傭說詩》）李重華說：「七言成於鮑照，而李、杜才力，廓而大之，終爲正宗。厥後韓愈，蘇軾稍變之。然論七古，無逾此四家者矣」（《貞一齋詩說》）方東樹更一步指出，韓愈古詩的

妙處，是由於古文精熟，故詩亦恢弘奇偉，他說：

> 詩莫難於七古。七古以才氣爲主，縱橫變
> 化，雄奇渾顥，亦由天授，不可強能。杜公、太
> 白，天地元氣直與《史記》相埒，二千年來，只
> 此二人。其次則須解古文者而能爲之，觀韓
> （愈）、歐（陽修）、蘇（軾）三家，章法剪裁，純以
> 古文之法行之，所以獨步千古。⑥

施山在《薑露庵雜記》中認爲五古，「惟有學李、杜、韓
三家，鍊其雄奇沈鬱之氣，以揮寫性情，鋪陳事實，乃能
避熟通俗」。姚鼐也認爲古體詩，「須先讀昌黎，然後上
溯杜公，下採東坡，於此三家得門徑尋入」⑦。更肯定韓
愈古詩的價值。詩集中，如《此日足可惜一首贈張籍》、
《歸彭城》、《縣齋有懷》、《赴江陵途中贈王二十補闕
李十一拾遺李二十六員外翰林三學士》、《岳陽樓別竇司
直》、《南山詩》、《秋懷詩十一首》、《雙鳥詩》、
《贈別元十八協律》、《南溪始泛》等都是五古中寫得極
好的作品。七古如《感春四首》、《山石》、《遊青龍寺
贈崔大補闕》、《盧郎中雲夫寄示送盤谷子詩兩章，歌以

和之》、《李花贈張十一署》、《陸渾山火一首和皇甫湜
用其韻》、《寄盧仝》、《石鼓歌》等，都是集中優秀的
作品。

第二節 近體詩

前已言之，由於韓愈才力雄厚，只有古詩才能讓他盡
情揮灑，近體詩則有格式、聲律的種種限制，難以發揮其
所長，（參閱前引趙翼《甌北詩話》）施補華在《峴傭說
詩》中亦認爲「少陵、退之、東坡三大家，皆不能作五
絕，蓋才太大，筆太剛，施之二十字，反吃力不討好」。
儘管爲此，韓愈的近體詩仍有極高的藝術境界。趙翼說：
「五律中如《詠月》、《詠雪》諸詩，極體物之工，措辭
之雅，七律更無一不完善穩妥，與古詩之奇崛，判若兩
手，則又極隨物賦形，不拘一格之能事。」⑧ 茲分述如
下：

（1）七律：

韓集中七律十三首，然而如趙翼所言，無一不完善穩
妥。例如：《答張十一功曹》

山淨江空水見沙，哀猿啼處兩三家。

> 篔簹競長纖纖筍，躑躅閒開艷艷花。
>
> 未報恩波知死所，莫令炎瘴送生涯！
>
> 吟君詩罷看雙鬢，斗覺霜毛一半加。

全詩語言流暢，對仗工整。程學恂《韓詩臆說》謂：「獨取此篇，為能真得杜意」。所謂杜意，大概是指本詩之風骨，頗類杜甫在夔州後的作品。

《左遷至藍關示姪孫湘》：

> 一封朝奏九重天，夕貶潮州路八千。
>
> 欲為聖明除弊事，肯將衰朽惜殘年！
>
> 雲橫秦嶺家何在，雪擁藍關馬不前。
>
> 知汝遠來應有意，好收吾骨瘴江邊。

本詩在藝術手法上，"以文章之法行之"散文化的七律，本篇應算是成功之作。何焯評為"沉鬱頓挫"（見《義門讀書記》）全詩感情深沉，結構精工，可顯示韓愈律詩的技巧。

（2）五律：

> 浩浩復湯湯，灘聲抑更揚。奔流疑激電，
>
> 驚浪似浮霜。夢覺燈生暈，宵殘雨送涼。

如何連曉語，一半是思鄉。《宿龍宮灘》

蔡絛《西清詩話·聽水詩》：引黃庭堅說：「退之才聽水句尤見工。」又說：「所謂浩浩蕩蕩抑更揚者，非諳客裏夜臥，飽聞此聲，安能周旋妙處如此耶？」近人孫昌武說：「短篇中一唱三歎，情景渾成」⑨。

　　蒼蒼森八桂，茲地在湘南。江作青羅帶，
　　山如碧玉簪。戶多輸翠羽，家自種黃甘。
　　遠勝登仙去，飛鸞不暇驂。《送桂州嚴大夫》

韓愈雖然沒有到過桂林，但詩中「江作青羅帶，山如碧玉簪」兩句，描寫桂林山水，藝術概括力很強，被前人認爲「不到粵西，不知對句之妙」（查慎行《十二種詩評》），袁宗道說：「每讀此詩，未嘗不神馳龍洞仙岩之間。」⑩，其他如《獨釣四首》，意境恬靜幽遠，表現出韓愈幽致雅興的情韻。「鳥下見人寂，魚來聞餌馨」一聯，何焯認爲「極似老杜，入微」（錢仲聯《韓昌黎詩繫年集釋》引）。詩中多用"柳耳"、"蒲芽"、"茨觜"、"梨腮"等詞，於纖小細微處見情態，在韓詩中並不多見。⑪

（3）七絕：

前人多不注意韓愈的絕句，或謂其才大，宜作長篇歌行，小詩則局促，其實韓愈的七絕甚有意趣，頗似老杜《漫興》寫作。李東陽在《懷麓堂詩話》中就指出韓愈的七絕「跌宕奇古，超出詩人蹊徑」。本書第三章「韓愈詩的題材」中已列舉數首說明，此外，如《題臨瀧寺》：「不覺離家已五千。仍將衰病入瀧船。潮陽未到吾能說，海氣昏昏水拍天」。蔣抱玄認為末二句：「調高字響，亦悲亦豪」⑫，《春雪》：「新年都未有芳華，二月初驚見草芽。白雪卻嫌春色晚，故穿庭樹作飛花。」；《遣興》：「斷送一生惟有酒，尋思百計不如閑。莫憂世事兼身事，須著人間比夢間」（《遊城南十六首之一》）；《湘中酬張十一功曹》：「休垂絕繳千行淚，共泛清湘一葉舟。今日嶺猿兼越鳥，可憐同聽不知愁」；《湘中》：「猿愁魚踊水翻波，自古流傳是汨羅，蘋藻滿盤無處奠，空聞漁父叩舷歌。」數首，也都寫得很有韻味。

（4）五絕：

韓愈《五絕》詩，最具代表性的為《奉和虢州劉給事使君三堂新題二十一詠》。詩共二十一首，此選七首，以

概其餘。

❶ 自有人知處，那無步往蹤。

　　莫教安四壁，面面看芙蓉。《渚亭》

❷ 竹洞何年有？公初斫竹開。

　　洞門無鎖鑰，俗客不曾來。《竹洞》

❸ 蜂蝶去紛紛，香風隔岸聞，

　　欲知花島處，水上見紅雲。《花島》

❹ 柳巷還飛絮，春餘幾許時，

　　吏人休報事，公作送春詩。《柳巷》

❺ 源上花初發，公應日日來。

　　丁寧紅與紫，慎莫一時開。《花源》

❻ 朝遊孤嶼南，暮戲孤嶼北，

　　所以孤嶼鳥，與公盡相識。《孤嶼》

❼ 寒地月下明，新月池邊曲。

　　若不妒清妍，卻成相映燭。《月池》

王正德《師餘錄》卷二《張芸叟》：退之詩，惟《虢園
二十一詠》為最工。語不過二十字，而意思含蓄過於數千
百言者。按此組詩前人多擬之王（維）、裴（迪）輞川倡

和。韓詩雖不如王、裴之高妙超逸而更富理致，但閑淡自然、精切朗暢，與長篇大幅力求雄奇高古一類作品不同。這一方面顯示了韓愈創作風格、體裁的多樣化；另一方面這類詩多寫於元和後期，也反映了詩壇風氣的變化和詩人思想情緒的轉變（孫昌武《韓愈選集》）。以上所舉數例，皆可看出韓愈在近體詩方面的成就。

第三節　聯句及琴操

（一）聯句：

韓愈詩的集中共有十三首聯句詩，其中十首係元和元年京城所作。這些作品，表現了韓愈的學識與才思，部分也體現了他和朋友們關於詩歌藝術的見解。聯句詩，較早的名篇是漢武帝時候的《柏梁台》聯句 ⑫ ，此後代有所作，但名作不多。 魏慶之《詩人玉屑》卷十五，引胡仔曰：「《雪浪齋日記》云：『退之聯句，古無此法，自退之斬新開闢。』余觀《謝宣城集》有聯句七篇，《陶靖節集》有聯句一篇，《杜工部集》有聯句一篇，則諸公已先為之。至退之亦是沿襲其舊。若言聯句自退之斬新開闢，則非也。」趙翼說：「聯句詩，王伯大以為古無此體，實

創自昌黎。沈括則謂虞廷賡歌，漢武《柏梁》，已肇其端。晉 賈充與妻李氏遂有連句。六朝以前謂之連句，見《梁書》及《南史》。其後陶、謝諸公，亦偶一爲之，何遜集中最多。然皆寥寥短篇，且文義不相連屬，仍是各人之製而已。是古來原有此體，特長篇則始自昌黎耳（《甌北詩話》）。韓愈由於與友朋聚會的需要，尤其是與摯友孟郊消閑鬥趣，寫實抒情的需要，便頻頻用上這種詩歌形式。

茲舉其犖犖大者，說明如下：

(1) 《遠遊聯句》：

詩係貞元十四年冬，孟郊南歸時所作，全詩三百八十字（一本三百九十字，"野蔬拾新柔"下多"獨含淒淒別，中結鬱鬱愁"二句），三十八韻，其中除李翱有二句外，均爲韓愈和孟郊爭勝鬥奇之作。趙翼在《甌北詩話》中曾說：「昌黎本好爲奇崛矞皇，而東野盤空硬語，妥帖排奡，趣尚略同，才力又相等，一旦相遇，遂不覺膠之投漆，相得無間，宜其傾倒之至也。」又說：「諸聯句詩，凡昌黎與東野聯句，必字字爭勝，不肯相讓，與他人聯句，則平易近人，可知昌黎之於東野，實有資其相長之功。」何焯說：「此篇聯句，大概言江南景物典故。而以

離別意收住，末二段則結到歸思也。」(《義門讀書記》)

(2) 《會合聯句》：

　　元和元年，孟郊客遊長安六月，韓愈自江陵還朝，任國子博士，與孟郊、張籍、張徹相會於京師，久別重逢，分外高興，飲酒賦詩，同作「會合聯句」，首聯"離別言無期，會合意彌重"二句，反映其相會時的共同心情。洪邁說：「韓、孟、籍、徹會合聯句三十四韻，……雄奇激越，如大川洪河。不見涯涘，非瑣瑣潢汙行潦之水所可同語也。」(《容齋四筆》) 朱彝尊說：「下語多新，句句醒眼，道昔離今合，昔謫今還，意宏肆，詞奇峭」(《批韓詩》)

　　這次孟郊和韓愈相會後，便有將近半年時間沒有分離。閏六月，韓、孟一起乘涼，有《納涼聯句》；夏秋之際，韓、孟同宿，敘韓南遷召還始末，同作《同宿聯句》。他們在這段相會時間內所作的聯句詩，尚有《城南》、《鬥雞》、《秋雨》、《征蜀》、《雨中寄孟刑部》等數篇。其中《城南聯句》是較為特殊的一篇。

(3) 《城南聯句》：

是這年秋天韓愈和孟郊同遊城南韓莊時所作，全詩一百五十三韻，一千五百三十字，是他們所作聯句中最長的一篇。詩中歷敘城南景物，巨細兼收，虛實互用，極盡爭奇鬥巧之能事。讀韓、孟聯句諸作，既可以看到他們才力不相上下，也可以看到他們詩歌的風格確實比較相近。朱彝尊說：「一味排空生造，不無牽強湊泊之失。然僻搜巧鍊，驚人句層出不竭，非學富五車，才高八斗，安能幾此？此詩舖敘結構，全模《子虛》、《兩都》等賦，當是商量定篇法，然後遞聯句耳。柏梁人各賦一句，道己事，姑無論。他聯句亦只人各一聯。若夫一人唱句，一人對句，更唱迭對者，則自韓、孟始。草木蟲魚鳥獸，雜見錯出，全無倫次，此與賦體稍異，卻正用此見奇。」(《批韓詩》)

方世舉說：「此詩凡一百五十韻，歷敘城南景物，巨細兼收，虛實互用。自古聯句之盛，無如此者。始從郊行敘起，若無意於游。既而欲歸不捨，則縱覽郊墟，信足所至，入故宅而詢其主人，吟其嘉詠，固昔時公卿之第，名賢游集之所也。今則破瓦頹垣，荒榛蔓草，零落如彼。望皇都而覽其山川，紀其民物，固九州之上腴，萬國之所輻湊也。其間高門鼎貴，富盛驕侈，烜赫如此。撫今追昔，

映射有情。於是入林麓則思縱覽之娛，至郊壇則思嚴祀之盛，閭閻豐樂，僧舍幽奇，無不盡歷，茲游洵足述矣。更念陽春煙景，都人士女，聯袂嬉遊，尤有佳於此者。惜乎身逐羈僔，未睹其盛。然歸私休暇，得共今日之遊，耳目所經，皆供詩料，亦足以暢幽懷矣，何徒自苦爲哉？其舖敘之法，彷彿《三都》、《兩京》，而又絲聯繩牽，斷而不斷，如韓信將兵，多多益善，非其大才，安能如此。」（《韓昌黎詩編年箋注》）

總的說來，韓愈的聯句詩，對古已有之的聯句詩是一種發展，這已經不單是人各一句，或人各一聯，而是在此基礎上，創造了更多的形式，有的是對句之後又出句（跨聯的聯句），有的是人各一段，對等聯句，有的是各人多少隨意，總之，形式趨於自由，篇幅大都很長，用詞有意去俗用新，避熟就生，令人刮目相看（見陳新璋《韓愈詩》）。誠如施補華所說：「韓、孟聯句，字字生造，爲古來所未有，學者不可不窮其變」（《峴傭說詩》），但另一方面，也由於過份追求新奇，竟至有賣弄才學之嫌。沈德潛說得好：「韓 孟聯句體，可偶一爲之，連篇累牘，有傷詩品。」（《說詩晬語》）可謂中肯之論。

（二）琴操：

韓愈詩集中有《琴操十首》，按：《後漢書》《曹褒傳》注：「劉向《別錄》云：『君子因雅琴之適，故從容以致思焉。其道閉塞悲愁而作者，名其曲曰操，言遇災害而不失其操也。』蔡邕《琴操》說：『古琴曲有一十二操，一曰將歸操，二曰猗蘭操，三曰龜山操，四曰越裳操，五曰拘幽操，六曰岐山操。七曰履霜操，八曰雉朝飛操，九曰別鵠操。十曰殘形操，十一曰水仙操，十二曰懷陵操。』」韓愈取其前十操，作辭十首分詠古事，方世舉說：「按《琴操》十章，未定爲何年所作。但其言皆有所感發，如『臣罪當誅』二語，與《潮州謝上表》所云『正名定罪，萬死猶輕』之意正同，蓋入潮以後，憂深思遠，借古聖賢以自寫其性情也」（《韓昌黎詩編年箋注》）。本詩是否確爲入潮所作，仍待考訂，但十首借古代聖賢的遭遇抒寫自己的感情。曲辭力求古雅，前人往往作極高的評價。嚴羽說：「韓退之琴操極高古，正是本色，非唐賢所及」⑫ 強幼安說：「《琴操》非古詩，非《騷》詞，惟韓退之爲得體」⑬ 。晁補之說：「愈博涉群書，所作十操，奇辭奧旨，如取之室中物。以其所涉博，故能約而爲此也。夫孔子於《三百篇》皆弦歌之，《操》亦弦歌之辭

也。其取興幽渺，怨而不言，最近《騷》體。《騷》本古詩之衍者，至漢而衍極，故《離騷》、《琴操》，與詩賦同出而異名，蓋衍復於約者。約故去古不遠，然後之爲《騷》者，惟約猶及之。」⑭鍾惺說：「至其樂府，諷刺寄託，深婉忠厚，真正《風》《雅》，讀《猗蘭》、《拘幽》等篇可見，⑮ 沈德潛說：「《琴操》諸篇，深婉忠厚，得《風》《雅》之正。」⑯ 王士禎說：「中唐如韓退之《琴操》，直溯兩周」⑰ 翁方綱說：「唐詩似《騷》者，約言之有數種，韓文公《琴操》，在《騷》之上。」⑱

【註 釋】

① 錢仲聯《韓昌黎詩繫年集釋》，列有《辭唱歌》、《贈賈島》、《贈譯經僧》三首，疑爲僞詩。

② 《甌北詩話》

③ 《歲寒堂詩話》

④ 《韓昌黎詩繫年集釋》卷一《海水》：「海有吞舟鯨，鄧有垂天鵬，苟非鱗羽大，蕩薄不可能。」

⑤ 《藏海詩話》

⑥ 《昭昧詹言》

⑦ 《惜抱軒尺牘與伯昂從姪孫》

⑧ 同 ②

⑨ 《韓愈選集》

⑩ 《白蘇齋類集》卷十六

⑪ 湯貴仁《韓愈詩選》

⑫ 《滄浪詩話》

⑬ 《唐子西文全集》

⑭ 錢仲聯《韓昌黎詩繫年集釋》引

⑮ 《唐詩歸》

⑯ 《說詩晬語》

⑰ 劉大勤《師友詩傳續錄》引

⑱《石洲詩話》

第五章　　韓愈詩的風格

第一節　　韓詩的風格

　　歷來評論韓愈的詩都以「雄偉奇崛」來形容韓詩的風格，而這種風格的形成,直接受到李、杜的影響（前已論述茲不贅論）。事實上，以韓愈的性格和才力，決不肯作一個亦步亦趨的摹擬者，因此，他一方面向李、杜學習，一方面卻另闢蹊徑，開拓詩歌的一個新領域，創造出自己獨特的藝術風格。

　　韓愈生來愛好一切奇美瑰偉的事物，他說：「少小尙奇偉，平生足悲吒。(《縣齋有懷》)， 他對古代文學遺產的 "奇奧" ，心領神會，"凡自唐、虞以來，編簡所存，大之爲河海，高之爲山岳，明之爲日月，幽之爲鬼神，纖之爲珠璣華實，變之爲雷霆風雨 --- 奇辭奧旨，靡不通達。" ① 由於他才華洋溢，兼有豪放不羈的感情，和雄壯闊大的氣魄，表現在他的詩歌中，形成了他獨特的雄偉，奇詭的藝術風格。韓愈詩題材多樣，表現藝術也極爲高超，就韓詩的藝術風格來說，也頗爲豐富多采。近人陳

衍評論韓詩說:「大歷十子,筆意略同,元和以降,又各人各具一種筆意,昌黎則兼有清妙,雄偉,磊砢三種筆意」② 。他所說的三種筆意,實際上是概括了韓詩的三種風格和類型,其實這三種風格和類型在韓詩中所佔的比重和地位而言,當以雄偉、磊砢爲主(也就是上文提到的雄偉奇崛),其次則爲清妙。總的說來,韓愈前期詩風,表現爲雄偉奇崛,後期則爲清新自然。

　　韓詩中雄偉磊砢之作,可以《山石》、《南山詩》爲代表。《山石》詩陳言務去,語句峭拔,有倚天拔地之意。③ 元好問《論詩三十首絕句》中曾有詩云:"有情芍藥含春淚,無力薔薇臥晚枝,拈出退之《山石》句,始知渠是女郎詩"就是說《山石》詩氣魄宏大,相比之下,秦觀的詠芍藥、薔薇的詩句,簡直就是女人的作品了。《南山詩》描寫終南山形勝的雄偉壯麗,筆勢奔騰,也顯示了這首詩在風格上的雄偉博大,氣勢不凡。《石鼓歌》敘事筆力健舉,描寫形神兼備,音節鏗鏘有致,氣格渾穆厚重,典型代表韓詩雄奇高古的風格。又如《陸渾山火和皇甫湜用其韻》,全憑虛構想像,寫一場萬物俱焚的沖天大火。詩人採取誇張渲染筆法,對山火猛烈時的日月無光、焰噴

崖塌、神焦鬼爛、鳥獸燒盡等慘狀著意進行描繪，把一場
山火寫得驚心動魄，成爲天地間一大奇觀，更表現了語誕
景奇、怪險雄放的特色。又如《謁衡岳廟遂宿岳寺題門樓》
寫<u>南岳</u>　<u>衡山</u>雲霧遮掩，須臾間展露出動人心魄的宏偉氣
勢，筆筆奇峻，氣概不凡。前人評爲：「高心勁氣，千古
無兩」④。　再如《孟東野失子》詩，對老友失子進行勸
慰，構思奇特，比喻怪誕。詩中通過地祇、靈龜、鴟梟、
蝮蛇之類的醜陋形象，展現詭奇的藝術境界。全詩充滿詭
奇的浪漫色彩，而又富於意象和文采。《汴泗交流贈張僕
射》寫打馬球，《雉帶箭》寫圍獵等，都是筆勢突兀，活
潑躍動的成功之作。⑤

　　韓詩中寫得比較清新自然、樸素無華的作品，如古詩
《落齒》、《杏花》、《示兒》、《庭楸》、《送李翺》、
《贈劉師服》、《贈別元十八協律六首》、《李花二首》、
《除官赴闕至江州寄鄂岳李大夫》、《李花贈張十一署》、
《玩月喜張十八員外以王六秘書至》、《南溪始泛三首》
等篇，都屬這一類。這些作品，語言自然流暢，不加雕飾，
情真意深，耐人吟諷，明顯地可以看出曾受<u>陶淵明</u>詩風的
影響，具有「一往清切，愈樸愈真，耐人吟諷」⑥　的特

點。律詩如《答張十一功曹》、《獨釣四首》、《宿龍宮灘》、《廣宣上人頻見過》、《左遷至藍關示姪孫湘》等；絕句如《題楚昭王廟》、《湘中》、《梨花下贈劉師命》、《春雪》、《晚春》、《同水部張員外籍曲江春遊寄白二十二舍人》、《晚次宣溪辱韶州張端公使君惠書敍別酬以絕句二章》、《盆地五首》、《奉和虢州劉給事使君三堂新題二十一詠》、《宿神龜招李二十八馮十七》、《次潼關先寄張十二閣老使君》、《夕次壽陽驛題吳郎中詩後》、《早春呈水部張十八員外二首》之一，這些小詩隨口吟來，妙手偶得，語言樸素，具有不尚彩繪，本色天然的藝術特色。

趙翼說：「其實昌黎自有本色，仍在文從字順中自然雄厚博大，不可捉摸，不專以奇險見長，恐昌黎亦不自知，後人平日讀之，若專以奇險求昌黎，轉失之矣」（《甌北詩話》卷三）。韓詩雖有雄奇險怪之作，然並非篇篇如此，趙氏之言，頗為中肯。 以上將韓愈詩的風格大略論述。以下，要談一下韓愈詩的表現手法。

第二節　　韓詩的表現手法

　　韓愈詩的表現手法，不拘一格，這說明他才力闊大，顛倒縱橫，無施不可，而構成他的詩篇的風格特色，並且給予後代詩歌的形式技巧以深遠影響的，主要是下面幾種表現手法。

一、以文爲詩：

　　由於韓愈多作形式比較自由的古體詩，所以他寫詩的方法，主要是 "以文爲詩"，這是韓愈在詩歌藝術中的一大發展，也是他倡導古文、反對駢文在詩歌創作上的具體實踐，它給唐代中葉以來漸趨僵化的詩歌藝術灌進了新的生命力。「以文爲詩」是北宋人所概括出來的韓愈詩歌的藝術手段之一。

　　首先提出 "以文爲詩" 這個問題的是北宋 江西詩派的創始人黃庭堅。他說：「杜之詩法出審言（指杜甫之祖杜審言），句法出庾信，但過之爾。杜之詩法，韓之文法也。詩文各有體，韓以文爲詩，杜以詩爲文，故不工爾」⑦。黃庭堅說這話可是別有用心，其實他自己的詩歌，「于公（指韓愈）師其六七，學杜者二三，舉世相承，謂其學

杜。起<u>山谷</u>（<u>黃庭堅</u>之號）而問之，果宗<u>杜</u>耶？抑師<u>韓</u>也？
悠悠千載，誰能喻之」⑧。<u>山谷</u>從<u>韓</u>詩中學了不少東西，
以文爲詩，也是<u>山谷</u>詩的特色，<u>山谷</u>倒打<u>韓</u>公一棒，自有
他的目的，而後來追隨者不喻其意，遂謂<u>韓</u>詩"要非本
色"⑨ "終不是詩"，以致引起歷近千年的爭論。"以
文爲詩"作爲一種藝術手段，它的具體內容大致有下述三
個方面：

（一）把古文的章法、句法、虛詞等運用於詩歌寫作。
這又可分爲下列幾點：
（1）詩中運用散文句法，詩歌形式散文化。

　　近人<u>程千帆</u>說：「<u>韓愈</u>是一位偉大的古文家，他對古
文的獨特造詣，使他在從事詩歌創作時，情不自禁地使用
了作古文的技巧以顯其所長」⑩ 。由此可見，<u>韓愈</u>以文
爲詩的實際意義就在於要突破詩的舊界限，開拓詩的新天
地，形成自己的獨特風格。在詩中運用散文的句法，在<u>韓</u>
詩中是被廣泛大量地運用，例如：「神仙有無何眇芒，桃
源之說誠荒唐」（《桃源圖》）「潛心默禱若有應，豈非正
直能感通」（《謁衡岳廟遂宿岳寺題門樓》）「只今四十已
如此，後日更老誰論哉」（《李花贈張十一署》）「生名

師命其姓劉，自少軒輊非常儔」（《劉生詩》）「天公高居鬼神惡，欲保性命誠難哉。」（《感春》）這些都在詩中運用了散文句法。「忽忽乎，余未知生之爲樂也，願脫去而無因。安得長翮大翼如雲生我身，乘風振奮出六合，絕浮塵。死生哀樂兩相棄，是非得失付閒人」（《忽忽》）。前面幾句簡直就是散文。又如「去年落一牙，今年落一齒。俄然落六七，落勢殊未已。……」（《落齒》）句式雖爲五字一句，仍是平鋪直敘的散文。另外，韓詩在散文化詩中往往多用長短句和敘述句，如「昔年因讀李白 杜甫詩，長恨二人不相逢」（《醉留東野》）「元和庚寅斗插子，月十四日三更中。……月形如白盤，完完上天東。忽然有物來噉之，不知是何蟲？」（《月蝕詩效玉川子作》）

　　韓詩的散文化，有時還表現在造句的平直淺白上。例如：「我初往觀之，其後益不觀；觀之亂我意，不如不觀完。」（《讀皇甫公安圖池詩書其後二首》）「我齒落且盡，君須白幾何？年皆過半百，來日苦無多。」（《除官赴闕至江洲寄鄂岳李大夫》）這些都像信筆寫來的家書、日記。有時又表現在造句的簡括凝煉。例如：「聞子高第日，正從相公喪；哀情逢吉語，惝怳難爲雙。」（《此日

足可惜一首贈張籍》)「四時各平分，一氣不可兼。隆寒
奪春序，顓頊固不廉。」（《苦寒》），都是一句話裡概
括了複雜曲折的意思，完全是"古文"式的簡括。有時又
表現在語氣的紆徐委曲上。例如：

> 仁者恥貪冒，受祿量所宜，無能食國惠，
> 豈異哀癃罷？久欲辭謝去，休令眾睢睢，
> 況又嬰疹疾，寧保軀不貲。不能前死罷，
> 內實慚神祇。（《寄崔二十六立之》）

本來是一兩句說得盡的，卻充分伸展開來，說了這許多。
爲了助成語氣的紆徐委曲，有時還直接運用散文裡才常用
的語助詞。例如："後日更老誰論哉？"（《李花贈張十
一署》）"次第知落矣。"（《落齒》）"破屋數間而已
矣。"（《寄盧仝》）"惟子能諳耳，諸人得語哉！"（《詠
雪贈張籍》）有時則又在本來完全不需要介詞的地方，故
意用上散文式的介詞，使語氣顯得硬健。例如："歸來殠
涕掩關臥，心之紛亂誰能刪？"（《雪後寄崔二十六丞
公》）"心之紛亂"本來完全可以作"中心紛亂"或"愁
心紛亂"之類。

此外，如《嗟哉董生行》：

> 淮水出桐柏山，東馳遙遙千里不能休。
> 沘水出其側，不能千里百里入淮流。
> 壽州屬縣有安豐，唐 貞元時，
> 縣人董生召南，隱居行義於其中。
> 刺史不能薦，天子不聞名聲。
> 爵祿不及門，門外惟有吏，
> 日來徵租更索錢。嗟哉董生朝出耕。
> 夜歸讀古人書。盡日不得息。
> 或山于樵，或水于漁。‥‥‥

全詩句法長短錯落，虛實間用，是韓愈散文化最典型的作品。韓詩的散文化，還表現在"古文"式的"章法"，講究虛實正反，轉折頓挫。例如《八月十五夜贈張功曹》，一篇之中，有人有我，有今有昔，有哀有樂，有虛有實，有正有反。在表面的文章邏輯上，人所歌的昔日哀景，是虛寫回憶，是被否定了的陪襯之意；我所歌的眼前樂景，是實寫今夜，是結論性的主意。但在實際情感的邏輯上，昔日的患難哀愁，才是真正要進要追溯的主意；眼前的反

面的行樂，不過是故作寬解，反襯一筆，以加強主意。所以，詩中的反與正，賓與主，在實質上和在表面上是正相反的。又如，《謁衡岳廟遂宿岳寺題門樓》，開頭就說岳神的威靈顯赫，詩人自己的虔誠拜奠，說到廟令殷勤相助，向岳神卜問吉凶，一路說下來，真是神乎其神。然後，"侯王將相望久絕，神縱欲福難爲功"兩句，忽然翻轉去，才出人意外，力挽千鈞。像這樣虛實正反，轉折頓挫的手法，不僅在韓愈的長詩中經常運用，就是在短篇的古體詩中同樣運用，如短篇古體《古意》、《峋嶁山》等詩中，往往更集中地使這些古文章法之妙發揮盡致。

詩歌散文化，是中國詩歌史上重要的革新，語言是散文，骨子裏還是詩。我們可以說，韓愈是我國第一位偉大的散文詩的作者，散文詩並不是單純的"有韻之文" 它必須 "既有詩之優美，復具文之流暢，韻散同體，詩文合一。"⑪

我們試看韓愈另外的作品

1. 河之水，去悠悠。我不如，水東流。

我有孤姪在海陬，三年不見兮使我心憂。

> 日復日，夜復夜，三年不見汝，
>
> 使我鬢髮未老而先化。

2. 河之水，悠悠去，我不如，水東注。

   我有孤姪在海浦，三年不見兮使我心苦。

   採蕨於山，緡魚於泉。我徂京師，

   不遠其還。（《河之水二首寄子姪老成》）

全詩有三字句、四字句、五字句、七字句、九字句，句式
變化錯落，音韻諧暢，情長意切，感人心脾，誠如程學恂
所說：「看來只淡淡寫相思之意，絕不著深切語，而骨肉
係屬之深，已覺痛入心脾。二詩剴切深厚，真得《三百篇》
餘意，在唐詩中自是絕作。」詩中運用散文的形式，可使
得詩句流暢生動，平易近人，有時還便於吸收、提煉口語
中的自然語氣和優美詞彙。

　　韓愈以文爲詩的例子，除上所舉外，如《琴操》十首。
錢仲聯《韓昌黎詩繫年集釋》卷十一引朱彝尊評語云：

> 《琴操》果非《詩》、《騷》，微近樂府，
>
> 大抵稍涉散文氣，昌黎以文爲詩，是用獨絕。又

引夏敬觀《說韓愈》：「《琴操》、《皇雅》一
類詩，皆非深於文者不能作。退之、子厚皆文章
之宗匠也。」

《山石》詩，方東樹《昭昧詹言》卷十二云：「只是一篇
遊記，而敘寫簡妙，猶是古文手筆。」《石鼓歌》汪佑南
《山逕草堂詩話》云：

> 如許長篇，不明章法，妙處殊難領會。……
> 首段敘石鼓來歷，次段寫石鼓正面，三段從空中
> 着筆作波瀾，四段以感慨結。妙處全於三段凌空
> 議論，無此即嫌平直，古詩章法通古文，觀此益
> 信。

韓詩中這種散文化的長處，是擴大了詩歌的表達功
能，比較自由流暢，缺點在於過多的引用虛詞，妨礙了詩
的節奏和韻味。

(2) 化詩中複句爲單句，故避屬對。

此外，化複句爲單句，乃是古文（散文）異於時文（駢
文）的顯著特點。韓愈在古詩中，有的地方故意避免對仗，

如《此日足可惜一首贈張籍》中“淮之水舒舒，楚山直叢叢”二句，強幼安《唐子西文錄》就指出這是“故避屬對”，而這種‘故避’顯然是與以文爲詩有關，所以韓集中古詩，尤其是七言古詩，很多是通首不對的，其中包括《此日足可惜一首贈張籍》、《山石》、《八月十五夜贈張功曹》這樣一些名作。黃鉞《韓詩增注正訛》卷四《游青龍寺贈崔大補闕》也曾經指出：“公七言古詩間用對句，惟《桃源圖》及此篇、《贈崔立之》三篇而已。”⑫而韓愈爲了力避對稱均衡，在長篇古體詩中，往往通首徹底散行，沒有一個駢偶對仗，有時又故意做得似對非對，可以對而不對。他爲了避免和諧圓潤，遣詞用字力求生僻，愛用人所少用、乃至人所不識的字；造句往往造成散文調，而不是詩調，有時故意違反七言上四下三的格式，而造成上三下四的拗句。（見下舉例）韓詩爲了在音韻上避免和諧圓潤，往往越是長篇越不轉韻，韻腳越押越險。例如《贈崔立之評事》、《病中贈張十八》之類，使人讀之，有如攀登一線直上的險峰，喘不過氣來，偏又沒有一處可以停步換氣。而一些短篇古詩，一篇之中，偏偏多次轉韻，而且避免四句一轉，故意轉得參差錯落。例如《三星行》、《汴泗交流贈張僕射》之類，使人讀之，好像走

著一條十步九曲的小道，總不能瀟瀟灑灑地走，放開大步地走。⑬

(3) 以古文中習見的句法及語尾虛字入詩

　　這是以古文爲古詩的一種藝術手段的組成部分，韓愈在作詩時，往往改變詩句的組織，在詩裏大量出現拗詞硬語，以使整篇的詩具有矯健挺拔的氣勢。古典詩歌的句法組織，基本上都是有規定格式的。以七言詩來講，一般都是上四字爲一節，下三字爲一節組成一句，如"少小離家老大回"（賀知章《回鄉偶書》），"少小離家"爲一節，"老大回"爲另外一節；五言詩則上二字爲一節，下三字爲一節，組成一句，"國破山河在"（杜甫《春望》）。"國破"爲一節，"山河在"爲另外一節。可是韓愈的詩句結構與音節和一般唐人詩歌不同，他有意改變這種句法組織的規定格式。茲舉例說明如下：

(A) 七言詩：他變爲上三字爲一節，下四字又爲一節：

❶ 溺厥邑　囚之昆崙 ---《陸渾山火和皇甫湜》

❷ 雖欲悔　舌不可捫 ---《同上》

❸ 子去矣　時若發機 ---《送區弘南歸》

❹ 落以斧　引以縆徽 ---《同上》

　還有上五字爲一節，下二字爲一節：

❶ 母從子走者　爲誰 ---《汴州亂二首》

　上二字爲一節，下五字爲一節：

❶ 破屋　數間而已矣 ---《寄盧仝》

❷ 放縱　是誰之過歟 ---《同上》

❸ 知者　盡知其妄矣 ---《誰氏子》

❹ 不從　而誅未晚耳 ---《同上》

(B) 五言詩：變化爲上三字爲一節，下二字又爲一節：

❶ 有窮者　<u>孟郊</u> ---《薦士》

❷ <u>淮</u>之水　舒舒 ---《此日足可惜一首贈張籍》

❸ <u>楚</u>山直　叢叢 ---《同上》

　還有上一字爲一節，下四字又爲一節

❶ 乃　一龍一豬 ---《符讀書城南》

❷ 千　以高山遮 ---《路傍堠》

❸ 萬　以遠水接 ---《同上》

　有些甚至每字各不相連的句式，如

❶ 人之能爲人，由腹有詩書。---《符讀書城南》

❷ 流落人間者，太山一毫芒。---《調張籍》

以上所舉例句，其句法和節奏都遠於詩而近於文。而《嘲魯連子》之「顧未知之耳」。《符讀書城南》之「學與不學歟」。《古風》之「無曰既蹙矣」等句，則使用虛字結尾，全同散體。

以上所舉，無論是句子結構，音節和虛詞的運用，已幾乎和文章語句無大差異。

（二）以議論入詩

把大量議論成分引進詩中，以議論爲詩。文學作品的內容，不外情、理、事三端，所以抒發感情，議論道理，描繪事物也就成爲文學的基本功能。詩歌中穿插議論，本是在《詩》、《騷》中早就存在的。周代民間歌手所創作的詩篇如《詩經·魏風·伐檀》中就有“彼君子兮，不素餐兮”這種階級感情非常強烈的、一針見血的議論。稍後，大詩人屈原在其作品中發議論、說道理的地方就更多。漢、魏、六朝以迄唐代，在抒情詩中發議論的傳統，從來沒有中斷過。韓愈以古文爲詩，當然也就順理成章地將這種原來主要由散文來負擔的職責帶進詩裏。比起他的前輩的詩作來，韓詩中的議論成分帶有更大的比重，而且

用得比較頻繁。⑭　換言之，<u>韓愈</u>以議論入詩，只是踵事增筆，擴充了詩歌的議論成份，而非只在詩中說理，不在詩中抒情。關於這方面的詩篇，有運用議論很成功的，如《薦士》詩的前半篇，概論從<u>周</u>到<u>唐</u>詩歌的發展和<u>孟郊</u>的詩歌，後半接連用了許多比喻，把賢士要有人提攜和進賢要抓緊時間的道理，從各方面說得非常透徹，就很成功，沒有枯燥乏味之感。又如《調張籍》的前面數句，詩人對<u>李 杜</u>的推崇，和對＂群賢＂的蔑視，在詩中生動地表現出來，此詩一出，就成爲<u>李 杜</u>的千古定評。又如《山石》「人生如此自可樂」以下四句。將議論和抒情結合，使所抒之情更加感人。又如《孟東野失子》詩，詩人自稱＂懼其傷也，推天假其命以喻之＂。<u>程學恂</u>《韓詩臆說》就肯定＂此詩意旨與《列子·力命篇》略同，而語較奇警＂。其他如《記夢》詩在描寫夢中游歷幻想世界後所發的議論，《謁衡岳廟遂宿岳寺題門樓》詩在描寫老廟令要詩人卜卦一事後所發的議論，由於融化在全詩的意境和形象之中，不僅不感到累贅，相反卻加強了思想感情的表達，恰當地表現了作者的個性。⑮　又如《謝自然詩》，<u>顧嗣立</u>《昌黎先生詩集注》卷一云：

公排斥佛、老，是平生得力處。此篇全以議
論作詩，詞嚴義正，明目張膽，《原道》、《佛
骨表》之亞也。

又程學恂《韓詩臆說》卷一云：

韓集中惟此及《豐陵行》等篇，皆涉敘論直
致，乃有韻之文也，可置不讀。……篇末直與
《原道》中一樣説話，在詩體中爲落言詮矣。

又如《桃源圖》，《集釋》卷八引翁方綱云：

即仍《原道》大議論，而于敘景出之。

《謝自然詩》和《桃源圖》，用意都在於揭露迷信的虛妄，
所以論者認爲與排斥佛、老的一些文章用意相同。韓愈以
議論爲詩，擴大了詩歌的領域，對宋詩有承先啓後之功，
像歐陽修、王安石、蘇軾、黃庭堅，以及宋代理學家的一
些詩都產生過影響。

（三）以賦爲詩，把辭賦鋪張雕繪的手法運用於詩歌寫
作。

　　這裡說的賦不是賦、比、興的賦，而是指<u>漢</u>賦之“賦”。他的詩往往吸取辭賦對舉鋪陳的章法，辭賦的特點想像瑰麗，色彩濃重，鋪陳排比，形容極致，不厭繁富。像<u>漢朝</u>最負盛名的辭賦家<u>司馬相如</u>和<u>楊雄</u>是<u>韓愈</u>欽佩和推崇的對象，他說：「<u>子雲</u>、<u>相如</u>，同工而異曲」（《進學解》）。像他們寫的《子虛賦》、《上林賦》、《長揚賦》、《羽獵賦》等“大賦”，誇大鋪張，極事雕繪，歷述東西南北、草木禽獸、宮殿居室，氣象的宏偉，描寫的富麗，達到了使人目眩神迷的程度。

　　<u>韓愈</u>才情洋溢，氣魄宏大，好為長篇鉅製，信筆寫來，洋洋灑灑，動輒數十百韻，寫景敘事，率多鋪陳。例如《南山》詩鋪列春夏秋冬四時景色，山中大小禽獸靈奇；又連用五十一個“或”字和十四句疊句來描寫山形，這純是賦體的手法。此詩在風格上所顯示的雄偉、博大、自然的特點，是與他在本詩中運用辭賦散文的章法分不開的。這是<u>韓愈</u>在詩歌表現手法上對<u>盛唐</u>詩人的一個突破，在山水詩的發展史上，有其別開生面之功。⑯　又如《岳陽樓別竇司直》，前半篇鋪寫<u>洞庭湖</u>的景色，詩人便以奇異的想象，在對舉鋪陳之中鑄形鏤象，使詩歌的氣勢顯得更為雄放。

又如《譴瘧鬼》內歷數醫師、灸師、詛師、符師,《月蝕詩》裡鋪敘東西南北四方之神:

> 東方青色龍,……赤鳥司南方,……
> 於菟蹲于西,……烏龜(代表北方玄武)
> 怯奸,怕寒縮頸,以殼自遮。……

《雙鳥詩》連用四句 "不停兩鳥鳴":

> 不停兩鳥鳴,百物皆生愁,不停兩鳥鳴,
> 自此無春秋,不停兩鳥鳴,日月難旋輈
> (車轅);不停兩鳥鳴,大法失九疇。

《雜詩》之四內連用五個 "鳴" 字:

> 雀鳴朝營食,鳩鳴暮覓群;獨有知時鶴,
> 雖鳴不緣身。暗蟬終不鳴,有抱不列陳。
> 蛙黽(蛙的一種)鳴無謂,閣閣只亂人。

又如《陸渾山火》用全是名詞和全是動詞組成的詩句:

> 虎熊麋豬逮猴猿,水龍鼉(鱷魚)龜魚
> 與黿,鴉鴟雕鷹雉鵠鵾(以上三句都是
> 名詞),燖炰煨爊(煨烤)孰飛奔(這一

句全是動詞）。

這都屬於賦體誇張排比的手法。此外，如《謁衡岳廟遂宿岳寺題門樓》詩，先從五岳敘起，寫到衡岳不易登覽，再述因禱而開霽，得以仰觀諸峰，然後轉寫至岳廟拜祭陳情，最後以在佛寺投宿作結。敘述條理分明，中夾描寫議論，把詩人的自我形象很好地突現出來。又如《送區弘南歸》詩，起寫南荒少士，襯托出區弘的特異："我遷于南日周圍，來見者眾莫依俙，爰有區子熒熒暉，觀以彝訓或從違。"寫作者對區弘的耐心教導："我念前人譬葑菲，落以斧引以纆徽。"繼述區弘從至京師，保持高尚的志節，然後轉寫區弘接家信的情景："母附書至妻寄衣，開書拆衣淚痕晞。"最後寫自己對區弘的勉勵。這種賦體的鋪敘，仍然是詩的鋪敘，它用形象化的寫法，寫出了現實生活情景，刻劃出生動的藝術形象，抒發個人的深切感受。

而韓、孟《城南聯句》一千五六百字，凡一百五十韻，歷敘（長安）城南景物。巨細兼收，虛實互用，自古聯句之盛，無如此者。方世舉說它"鋪敘之法，彷彿《三都》、

《兩京》，……非其才大，安能如此"（《韓昌黎詩繫年集釋》卷五引方世舉評語）。這類賦體詩，往往都具有雄奇恣肆、光怪陸離的藝術特色，但也往往有堆砌詞藻、呆板晦澀、多用僻字怪詞的缺點，有損於的詩歌的藝術感染力。以賦爲詩，可以增加詩體的氣勢，擴大詩體的意境，但是用得過分，也會成爲雕繪繁縟的形式主義，甚至發展到"以醜爲美"，是不足取的。這在韓愈的詩篇裡也充分表現出來了。

（四）以反爲正：

就是在詩句裡運用前人的話或前人的意思，但加以反用，化腐朽爲神奇，務求不落窠臼，出奇制勝。例如《醉贈張秘書》詩中本用嵇紹 "鶴立雞群" 的成語，但偏說 "張籍學古淡，軒鶴避雞群"。《縣齋有懷》詩本用 "向平婚嫁畢事" 的典故，卻偏說 "如今便可爾，何用畢婚嫁"。《送文暢師》本用杜甫詩句 "每愁夜中自足蠍"，偏說 "照壁喜見蠍"。《薦士》詩本用 "強弩之末不能穿魯縞" 成語，偏說 "強箭射魯縞"。《謁衡岳廟》詩本用謝靈運 "猿鳴誠知曙" 詩句，偏說 "猿鳴鐘動不知曙"。（參閱第六章《韓愈詩的藝術特色》）

　　以反爲正還有另一種用法，就是有意推翻平常一般的視爲 "理所當然" 的想法，達到不同凡俗、精刻驚人的目的。《苦寒》是形容多日嚴寒景色如何淒厲，爲了務求逼真，<u>韓愈</u>不惜設計許多匪夷所思的形象，加重他的刻劃。他說他「肌膚生鱗甲，衣被如刀鎌；氣寒鼻莫齅（同嗅），血凍指不拈；濁醪（酒）沸入喉，口角如銜箝，將持匕箸食，觸指如排籤（尖刺）」。最顯出他的奇思幻筆的是形容寒氣侵逼下的雀兒了：「啾啾窗間雀，不知已微纖，舉頭仰天鳴，所願晷刻淹，不如彈射死，卻得親炰（同炮）燺（烤）。」連雀兒都寧可彈死，好讓人放到火上去煎炒炙烤，得到熱氣。詩中那隻雀兒情願彈死烤炙，以求逃避嚴寒。又如《鄭群贈簟》，爲了形容這張竹席的可愛，竟希望天公永遠炎熱下去，讓他鎭年長臥。「倒身甘寢百疾愈，卻願天日恆炎曦！」兩句忽作奇想，<u>韓愈</u>本是個怕熱的胖子，這時居然希望天氣永遠炎熱下去，所謂 "用加倍反襯，語意並妙"。<u>趙翼</u>說：「謂因竹簟可愛，轉願天不退暑，而長臥此也，此已不免過火。然思力所至，寧過毋不及，所謂矢在弦上，不得不發也。」⑰　<u>韓愈</u>就是通過這樣的極端的形容，來造成詩中的濃烈詭奇的氣氛。

【註　釋】

① 《上兵部李侍郎書》

② 《石遺室論詩》卷十七

③ 劉熙載《藝概》

④ 潘德輿《養一齋詩話》

⑤ 見第三章《韓愈詩的題材》

⑥ 方東樹《昭昧詹言》

⑦ 陳師道《後山詩話》引黃庭堅語

⑧ 李詳《韓詩萃精》序

⑨ 陳師道《後山詩話》

⑩ 程千帆詩論選集《韓愈以文爲詩說》

⑪ 陳寅恪《論韓愈》

⑫ 同註 ⑩

⑬ 陳邇冬《韓愈詩選》序言

⑭ 同註 ⑩

⑮ 吳文治《韓愈》

⑯ 同註 ⑮

⑰ 《甌北詩話》卷三

第六章　韓愈詩的藝術特色

第一節　韓詩的藝術特色

　　韓愈的詩歌受李白和杜甫雄渾奔放詩風的影響，又接受貞元，元和社會風尚的熏陶，還從當時其他的藝術形式，如繪畫（包括佛教壁畫）中汲取營養，另闢一個境界，而成雄奇險怪的藝術特色。唐人真能道出韓詩風格特徵的，前有皇甫湜《韓文公墓銘》：「菇古涵今，無有端涯，渾渾灝灝，不可窺校。及其酣放，豪曲快字，凌紙怪發，鯨鏗春麗，驚耀天下。」後有司空圖，他說：「觀韓吏部歌詩數百篇，其驅駕氣勢，若掀雷挾電，撑抉於天地之間，物狀奇變，不得不鼓舞而徇其呼吸也。」（《司空表聖文集》卷二，《題柳柳州集後》）。南宋　張戒也說：「退之詩，大抵才氣有餘，故能擒能縱，顛倒崛奇，變怪百出，可喜可愕，可畏可服也。」（《歲寒堂詩話》）。他們都說到了韓愈詩的基本風格。從藝術創造來說，使韓愈詩歌形成雄奇險怪風格的原因是有意識地運用 "變熟為生" 和 "化夷為險" 手段。這二者，也就是韓愈詩歌最顯著的

藝術特色。茲說明如下：

(1) 變熟為生： 這是說在描寫人們熟知的事物時，力求不落俗套，而別開生面，達到出奇制勝的藝術效果。

例如詠雪，這是古代詩人常寫的題目。將雪比作白銀、白玉、飛蝶、鵝毛等都有先例，在韓愈當時，都屬於"熟喻"比。韓愈不蹈襲前人的窠臼，避開單一的、個別的比喻，構想出龍鳳交橫、波濤翻滾、天上白帝出巡駕臨人間那聲威浩蕩的場面。《辛卯年雪》是這樣描寫雪境的：

> 元和六年春，寒氣不肯歸。河南二月末，
> 雪花一尺圍。崩騰相排桫，龍鳳交橫飛。
> 波濤何飄揚，天風吹幡旆。白帝盛羽衛，
> 鬖髿振裳衣。白霓先啓途，從以萬玉妃。
> 翕翕陵厚載，嘩嘩弄陰機。生平未曾見，
> 何暇議是非？或云豐年祥，飽食可庶幾。
> 善禱吾所慕，誰言寸誠微？

這真是喻雪的新奇境界！蔣之翹評論說：「古麗，特工為

形似之言。」① 李黻平認爲「侔色揣稱，發《雪賦》之所未發，可謂奇特。」又說：「退之奇崛處易學，此等處難所及也。」② 程學恂也說：「公諸匠物詩，每以神而不以象，多有歐、蘇不能到處。」③ 都指出韓詩變熟爲生的藝術手法。又如詠終南山，是唐代詩人的熱門題材。許多熟套的筆法、詞語使得詠終南山的詩篇難以獲得讀者的賞識。而韓愈的《南山詩》就別出心裁，以長篇巨制來鋪寫終南山的種種景象，爲人們已經熟知的南山風物增加很多情趣，可謂窮詞盡語，令人嘆爲奇觀。④

　　詠詩贈別，這是古代詩人常寫的題目。但能別出心裁的卻極少見。韓愈寫給孟郊的《醉留東野》就很有新意。詩的開頭從李白和杜甫二人不能常常相聚感到遺憾說起，就極爲貼切新鮮。這樣的詩意構思，不落俗套。

　(2) 化夷爲險：這是說把平常事物寫得不尋常，給人以險怪奇特的感受，從而留下磨滅不掉的印象。例如和友人談論詩壇先輩，這在文人之間是很平常的事。韓愈的《調張籍》卻把這種平常事寫得光怪離奇，令人目不暇接。詩的開頭先用肯定的語氣說：「李　杜文章在，光焰萬丈長。」

再用鄙夷不屑的語氣嘲笑當時那些誹謗李 杜的人是「蚍蜉撼大樹，可笑不自量。」然後用出奇的比喻把李 杜詩歌的雄偉氣魄加以形象化的讚頌，說李 杜作詩有如大禹治水：

> 想當施手時，巨刃磨天揚。垠崖劃崩豁，
> 乾坤擺雷硠。

韓愈想像大禹治水時揮動摩天的刀斧，斬斷山崖，劈天巨石，使天地之間山崩地裂，巨響硠硠。詩的後半部分寫自己願意學習、追攀李 杜，也用了上天入地的超現實的筆法：

> 我願生兩翅，捕逐出八荒。精神忽交通，
> 百怪入我腸。刺手拔鯨牙，舉瓢酌天漿。
> 騰身跨汗漫，不著織女襄。願吾地上友，
> 經營無太忙，乞君飛霞佩，與我高頡頏。

意思是說：我希望長出一對雄健的翅膀，上天入地追隨他們；我的真誠使得我能與他們精神感應相通，於是千奇百

怪的文思聚集到我的心頭。我產生了激情,下海拔去鯨魚
的勁牙,我產生了靈感,上天舀取珍貴的瓊漿;我又騰身
而起,跨進廣漠無邊的宇宙中,連織女織的天衣也不屑穿
著了。我再回頭對地上的朋友說:你寫詩不必過於慘淡經
營了,我送你飛霞之佩吧,請與我一起高高地飛翔。

經過這樣的處理,平常無奇的"向李 杜學習"的理
性思想和學習的良好效果就變成雄奇險怪的藝術形象
了。真是匪夷所思。

鳥啼鳴,這是極為平常的物象。但韓愈的《雙鳥詩》
寫鳥的啼鳴卻不一樣。詩的開頭說有兩隻鳥從海外飛來,
各處一方,不得相伴,因此兩千年來閉口不啼。後來終於
久別重逢,喜出望外,因而啼鳴不休,延續了一百天之久。
以致鬼神怕被譏諷,雷公也不作聲。詩的後半接著寫道:

> 不停兩鳥鳴,百物皆生愁;不停兩鳥鳴,
> 自此無春秋;不停兩鳥鳴,日月難旋輈;
> 不停兩鳥鳴,大法失九疇。

"不停"即"不制止"。"不停"八句，詩的意思是說，如果不制止兩鳥的鳴叫，世上萬物都要發愁；如果不制止兩鳥的啼叫，從此春天和秋天都分不清了； 如果不制止兩鳥的啼叫，太陽和月亮都難以運行； 如果不制止兩鳥的啼叫，天地的九大法則都被破壞了。詩的結尾是：天公責怪兩鳥，把牠們抓起來，各囚一處，於是百蟲與百鳥恢復了原來的鳴叫。而兩鳥卻閉口不作聲，決心三千年後再重聚和鳴。

《雙鳥詩》的寓意後人說法不一，有的認爲雙鳥指佛道兩家（柳開《韓文公雙鳥詩解》）。有人認爲雙鳥指李白 杜甫（張表臣《珊瑚鉤詩話》）。有人認爲雙鳥指孟郊和韓愈自己（葛立方《韻語陽秋》）。不管其真正的含意如何，這樣寫，令讀者大開眼界，嘖嘖稱奇，卻是事實。

變熟爲生和化夷爲險是形成韓愈詩歌雄奇險怪風格的最主要的藝術因素。

第二節　韓詩的用韻與用字

　　上已言之，韓愈詩的藝術特色是雄奇險怪，而這種特點也表現在他的用韻和用字上。茲分述如下：

（一）用韻

(1) 押險韻

　　歐陽修說：

　　　　退之筆力，無施不可……余獨愛其工於用韻也，蓋其得韻，寬卻波瀾橫溢，泛入傍韻，乍還乍離，出入回合，殆不可拘以常格，如《此日足可惜》之類是也。

　　近人孫昌武說：

　　　　本詩（指《此日足可惜》）是惜別道情的長篇，全用鋪陳，避駢偶，雜用韻，形似散漫自如，數衍成章。然而由於精心安排，結構穿插，注意轉折變換，提掇頓挫，使得作品全無冗散之態，敘事既淋漓詳贍，述情又紆餘深厚。本篇遣詞造句力求高古不俗，時用生詞險韻點綴，已顯出韓詩獨特的技巧與風格。⑤

得韻窄則不復傍出,而因難見巧,愈險愈奇,如《病中贈張十八》之類是也。(朱彝尊認爲本詩「有轉折頓挫,遂覺意態圓活」《批韓詩》)

《唐宋詩醇》說:

> 此篇當就用韻處玩其苦心巧思,大略以軍事進退爲比,皆就韻之所近,而詞義乃各得其儕。如前有高陽一喻,而後之窮龐乃以類從,不爲強押。凡解旆迴軍,約降吐款,前後俱一線穿成。於此見長篇險韻定須慘淡經營,不可恃才鹵莽也。

趙翼認爲「昌黎如用險韻,以盡其鍛鍊」所謂險韻,就是在長詩中往往一韻到底(如《南山》詩長達一百零二韻),於是就不得不採用許多生僻古奧的字來做韻腳。

趙氏又說:

> 昌黎古詩用韻,有通用數韻者,有專用一韻者。⋯⋯今按:《此日足可惜》一首,通用東、冬、江陽、庚、青之韻,此外,如《元和聖

德詩》通用語、麌、馬、有、哿五韻，《孟東野失子》詩通用光、寒、刪、眞、文、元六韻，餘可類推。其用窄韻亦不止《病中贈張十八》一首，如《陪杜侍御遊湘西兩寺》一首，又《會合聯句》三十韻，洪容齋（洪邁）謂：「除蠓、蛹二字，《韻略》未收，餘皆不出二腫之內。今按：蠓、蛹二字，《唐韻》本收在二腫，別皆本韻也。⑥

表現韓愈工於用韻的，可舉下列數詩爲證。

《八月十五夜贈張功曹》：

> 纖雲四卷天無河，清風吹空月舒波。
> 沙平水息聲影絕，一杯相屬君當歌。
> 君歌聲酸辭且苦，不能聽終淚如雨：
> 「洞庭連天九疑高，蛟龍出沒猩鼯號。
> 十生九死到官所，幽居默默如藏逃。
> 下床畏蛇食畏藥，海氣濕蟄熏腥臊。
> 昨者州前捶大鼓，嗣皇繼聖登夔皋。
> 赦書一日行萬里，罪從大辟皆除死。
> 遷者追迴流者還，滌瑕蕩垢朝清班。
> 州家申名使家抑，坎軻祇得移荊蠻。

判司卑官不堪説，未免捶楚塵埃間。

同時輩流多上道，天路幽險難追攀。」

君歌且休聽我歌，我歌今與君殊科。

一年明月今宵多，人生由命非由他，

有酒不飲奈明何。

此詩結構上富於虛實開闔、頓挫淳蓄之妙。中間主體部分爲張署所歌，形式上反客爲主，實際是借他人酒盃澆自己胸中壘塊。前後都寫月色，相互照應，並以襯托內心感慨。這樣三個段落，哀樂相形，把感情寫得十分曲折深沉。詩用七言歌行體，六換韻，分別以二句至八句換韻不等，又用單句收尾，這種聲韻節奏都有助於表達內容。⑦總的說來，本詩善於用韻，以聲達情，開頭和結尾兩段用"五歌"韻。中間十六句轉四韻，平仄交互表現較複雜的感情，末五句，句句押韻，聲情一致。誠如程學恂所云：「一唱三嘆有遺音者」（《韓詩解說》）

另外，如《縣齋有懷》（詩見第三章《韓愈詩的題材》），通首用對句，又用賦體的鋪敍，本易流於板滯平庸，但韓愈力創奇語，引僻典，押險韻，用仄韻，以突出磊落不平

的詩情，造成奇崛高古的藝術效果。《赴江陵，途中寄贈
王二十補闕李十一拾遺李二十六員外翰林三學士》詩，本
詩長稿大幅，卻一韻到底，多用奇字險韻，在聲韻連貫的
流動中造成奇突拗折，很好地烘托出詩情，再一次顯示出
詩人用韻的功力。同樣在《岳陽樓別竇司直》詩中，前半
鋪寫洞庭景色，後半敘事，開闔轉折，層次井然，雄文大
筆，神氣貫注。此種磊落長篇，盡力鋪排，窮極筆力，用
語，用韻，更逞奇求新，典型地表現出韓詩的特色。尤值
一提的是，在《陸渾山火和皇甫湜用其韻》中，更見刻意
求奇，在韻上多用險韻，多用連三平以至一句後四字、後
五字皆平的辦法，這些都有助於造成奇拔恢詭的藝術印
象。（參閱第三章《韓愈詩的題材》）

　　以上所舉，可見韓愈駕馭韻的技巧，從中亦可見他不
受韻腳約束的功力。張戒在《歲寒堂詩話》中說：「以押
韻爲工，始於韓退之，而極於蘇 黃」，何孟春亦說：「韓
退之詩，歐陽永叔謂其『工於用韻』」云云。蔡寬夫因此
遂言：「秦 漢以前，字書未備，既多假借，而音無反切，
平仄皆通用，自齊 梁後，概拘以四聲，又限以音韻，故
士率以偶儷聲病爲工，文氣安得不卑弱？惟陶淵明、韓退

之擺脫拘忌，皆取其旁韻用，蓋筆力自足以達之。」⑧

王士禎《師友詩傳續錄》說：

> 善押強韻，莫如韓退之，卻無一字無出處也。

葉燮《原詩》說：

> 五古漢魏無轉韻者，至晉以後漸多。唐詩五古長篇大都轉韻矣！惟杜甫五古終集無轉韻者。畢竟以不轉韻者爲得，韓愈亦然。七古終篇一韻，唐初絕少，盛唐間有之，杜卻十有二三，韓則十居八九。……終篇一韻，全在筆力能舉之，藏直敘於縱橫中，既不患錯亂，又不覺其平蕪，似較轉韻差易。

都是讚賞韓愈的用韻巧妙。不過，韓愈喜歡押險韻，像前引《南山》詩，長達一百零二韻，就不得不採用許多生僻古奧的字來做韻腳，刻意求新的結果，有時往往造成拼湊堆砌，有意做作，失去了自然的音韻節奏，韓詩的缺點也就在此。

(2)反用

　　<u>韓愈</u>另外靈活用韻的方法是"反用"。<u>顧嗣立</u>在《寒
廳詩話》中說：

　　　　<u>韓昌黎</u>詩，句句有來歷，而能務去陳言者，
　　全在於反用。《藝苑雌黃》云：古詩押韻，或有
　　語顛倒而理無害也，如退之以參差爲差參，以玲
　　瓏爲瓏玲是也。《漢臬詩話》云：<u>韓愈</u>、<u>孟郊</u>輩，
　　故有湖江、白紅、慨慷之句，後人亦難仿效。

這是他聰明大膽之處，因爲把一些常用詞語稍稍轉移而不
妨礙意義，把押韻的範圍大大地擴大，實在是對<u>齊 梁</u>的
聲病的種種約束，作出了革新解放。從而使他的詩達到雄
奇險怪的特色。

（二）用字

(1) <u>韓愈</u>詩另一個表現奇崛的地方是喜歡用僻字。茲舉例
說明如下：

❶ 《感春三首》之一：「疊疊新葉大，瓏瓏晚花乾。」
　　案「疊」字，《說文》無。《廣韻》：「疊，美也。
　　無匪切。」<u>錢仲聯</u>《韓昌黎詩繫年集釋》：「疊疊，

與娓娓同義，美盛貌。」

❷《記夢》：「我亦平行蹋𪗉𪗈」，按玉篇：「𪗉𪗈，
不安也。」

❸《新詩四首》之三：「截橑爲構櫨」。《說文》：「橑，
椽也」。又：「構櫨，柱上柎也。」

❹《陸渾山火一首和皇甫湜用其韻》：

燖炰煨爊孰飛奔（按：爊，於刀切。埋物灰中令熟也。
燖，湯中爓肉。炰，合毛炙肉。說文：「煨，盆中火
也。」以上註解俱見錢仲聯《韓昌黎詩繫年集釋》引。）

衁池波風肉陵屯（集釋引祝充註：「衁，血也」。）

谽呀鉅壑頗黎盆（谽呀，大貌。方成珪箋正：《史記》
司馬相如《上林賦》：「谽呀豁閕」，郭璞註：「皆
山谷之形容也。」）電光礷磹頳目暖（錢仲聯《韓昌
黎詩繫年集釋》引《十洲記》：「獸䑛地良久，忽
叫如天大雷霹靂，又兩目如礷磹之交光，光朗衝天」。
慧琳《一切經音義》：「今吳名電爲礷磹，音息念。」）

❺《喜侯喜至贈張籍張徹》：「交驚舌𠂇𦧩」按：「𠂇」，
俗「互」字也。《廣韻》：「𦧩，舌出貌。」《說文》
謂：「吐舌貌。」

❻《劉生詩》：「美酒傾水𤎼肥牛。」按「𤎼」，與「炙」

同。《說文》：「炙，炮肉也。從肉在火上」。以上這些都是不常用的字，韓愈要力避陳言，故集中用了很多僻字。

(2) 反用：所謂反用，就是在詩句裏，運用前人的話或前人的意思，但加以反用，亦即推陳出新，力避陳言，化腐朽爲神奇，務求不落窠臼，出奇制勝。顧嗣立刪補《昌黎先生詩集註》卷二評《縣齋有懷》：

> 公詩句句有來歷而能務去陳言者，全在於反用。如《醉贈張秘書》詩，本用嵇紹鶴立難群語，偏云「張籍學古淡，軒鶴避難群」；《送文暢》詩本用老杜「每愁夜中自足蝎」句，偏用「照壁喜見蝎」；《薦士》詩本用《漢書》「強弩之末，力不能入魯縞」語，偏云「強箭射魯縞」；《嶽廟》詩本用謝靈運「猿鳴誠知曙」句，偏云「猿鳴鐘動不知曙」。此詩結語本用向平婚嫁畢事，偏云「如今便可爾，何用畢婚嫁」，眞令舊事翻新。解得此秘，則臭腐皆化爲神奇矣。

(3) 用歇後語：韓詩中亦有用歇後語者。

洪芻《杜韓詩用歇後語》：

世謂兄弟爲友于，謂子孫爲貽厥者，歇後語也。子美詩曰「山鳥山花皆友于」，退之詩「誰遺貽厥無基址」，雖韓、杜亦未能免俗，何也？（《洪駒父詩話》）

郭紹虞按：吳并、吳曾並據《南史》劉湛友于素篤，《北史》李謐事兄盡友于之誠，及陶淵明詩：「一欣侍溫顏，再喜見友于」，謂子美亦有所本。朱翌《猗覺寮雜記》上，復據晉《五行志》何曾曰：「國家無貽厥之謀」，謂退之用字亦有所本。是歇後之語不始杜　韓。故王楙云：「自東漢以來多有此語。」⑨

(4) 運用大量的口語和當時的俚語：如《盆池五首》中的"老翁真箇似童兒"，"夜半青蛙聖得知"的"真箇"和"聖"都是方言口語。如《瀧吏》的"鱷魚大如船，牙眼怖殺儂"等都是明白如話的。

至於韓詩鍊字的功夫，也是盡力推敲，一絲不苟的。

劉攽《中山詩話》認爲韓愈《獨釣四首》之三的 "風約半池萍" 這一句，巧在「約」字。蔣之翹說：「下約字極新。」其實在修辭學上，這是擬人法，韓愈用得更傳神、更新穎，足顯出巧妙不凡。宋　蔡絛《西淸詩話》：「聽水詩，退之《宿龍宮灘》詩云：『浩浩復蕩蕩，灘聲抑更揚。』黃魯直曰：『退之才聽水句尤見工。所謂浩浩蕩蕩抑更揚者，非諳客裏夜臥，飽聞此聲，安能周旋二處如此邪？』」⑩故抑揚兩字用得確是精到。又《贈張籍詩》的「召令吐所記，解摘了瑟僩。」兩句，其中用了「召」、「令」、「吐」、「解」、「摘」、「了」六個動詞，表達了不同層次的過程，每一個字都各具意義；"瑟僩" 是取自《詩經》《衛風》《淇奧》 "瑟兮僩兮，赫兮咺兮"，在《詩經》，僩字是爲了押韻而用的僻字，由此可見韓愈學識的淵博，所以在運用字彙是隨心所欲，貼切穩妥的。

【註　釋】

① 《韓昌黎集輯注》

② 《讀杜韓筆記》

③ 《韓詩臆說》

④ 以上所引俱見陳新璋《韓愈傳》

⑤ 《韓愈選集》

⑥ 《甌北詩話》

⑦ 同註 ⑤

⑧ 《餘冬詩話》

⑨ 郭紹虞《宋詩話輯佚》卷下《洪駒父詩話》按語。

⑩ 見吳文治《韓愈資料彙編》引

第七章　韓愈詩的評價

第一節　韓詩在中國文學史上的地位

　　韓愈詩歌在文學史上的地位，可以從兩方面加以論述。一方面韓愈團結了一批詩人，形成了「韓 孟詩派」①，在中唐詩壇上樹一幟，與元（稹）白（居易）詩派分庭抗禮，韓愈詩派重主觀，尙險性，元 白詩派重實錄，尙平易，而韓愈領導韓、孟詩派，使陳子昂開創、李 杜發展並達到頂峰的詩歌事業另闢蹊徑，在「盛唐之音」之後出現了「中唐之韻」。

　（1）徐文長說：「世惟法高、岑、王、孟，固是布帛菽椒。盧仝、孟郊、韓愈、李賀，卻是龍肝鳳髓，不得而舍。」方扶南引論之說：「此論足以益人神智」（《方扶南批本李長吉詩集序》）。

　（2）譚元春說：「詩家變化，盛唐已極，後又欲別出頭地，自不得無東野、長吉一派」（毛先舒《詩辯坻》卷四引）。

自宋以來，諸家評論，都充分肯定韓愈為首的韓 孟詩派的地位。這實際上也是對韓愈在詩歌史上地位的一方面的評價。

另一方面，韓愈以自己的詩歌作品影響著一代文壇。近人吳文治說：「韓詩在中國詩歌發展史上，是有其重要的地位和影響的。葉燮在《原詩》中曾說：『唐詩為八代以來一大變，韓愈為唐詩之一大變，其力大，其思雄，崛起特為鼻祖。宋之蘇、梅、歐、黃、王，皆愈為之發其端，可謂極盛。』吳喬《圍爐詩話》也說：『於李、杜後能別開生路，自成一家者，惟韓退之一人。既欲自立，勢不得不行其心之所喜奇崛之路。』確實，就古代詩歌發展來看，『詩家奧衍一派，開自昌黎』（李重華）。中唐詩人如賈島、盧仝、馬異、李賀等人，都程度不同地受到過他的影響。這種影響，甚至延及北宋和清代的不少詩人。」（《韓愈資料彙編》前言）

第二節　韓愈詩的評價

　　對韓詩的評價，自唐末以洎代，褒貶不一。褒之者，推尊韓愈為大家，與李、杜可鼎足而三，詩文合一，不僅空前，恐亦絕後。

(1) 韓吏部歌詩數百篇，而驅駕氣勢，若掀雷抉電，撐扶於天地之間。（司空圖《題柳柳州集後》）

(2) 予嘗熟味退之詩，真出自然，其用事深密，高出老杜之上。（惠洪《冷齋夜話》）

(3) 詩之美者莫如韓退之，然詩格之變自退之始。（魏慶之《詩人玉屑》引東坡語，又見《王直方詩話》。）

(4) 退之詩豪健雄放，自成一家。（《蔡寬夫詩話》）

(5) 為詩歌氣格豪逸，當看退之，李白。（《二老堂詩話》，又見何汶《竹莊詩話》引《雪浪齋日記》。）

(6) 韓公詩，文體多，而造境造言，精神兀傲，氣韻沉酣，筆勢馳驟，波瀾老成，意象曠達，句字奇警，獨步千古。（方東樹《昭昧詹言》）

(7) 今試取韓詩讀之，其壯浪縱恣，擺去拘束，誠不減於

　　李；其渾涵汪茫，千彙萬狀，誠不減於杜。而風骨崚
　　嶒，腕力矯變，得李、杜之神而不襲其貌，則又拔奇
　　於二子之外，而自成一家。（愛新覺羅、弘曆《唐宋
　　詩醇》）

(8) 韓愈七古，氣勢盤空生硬，渾灝流轉，貌似杜工部，
　　而典麗喬皇，有清廟明堂氣象，可奉之爲泰山　北斗。
　　（清‧范獻之《蠶園詩話》）

(9) 韓公詩繼李、杜而興，雄直之氣，詼詭之趣，自足鼎
　　峙天壤，橫絕百世，不能病其以文爲詩，而損偏勝獨
　　至之光價。（陳三立《題程學恂〈韓詩臆說〉》）

(10) 既有詩之優美，復具文之流暢，韻散同體，詩文合一，
　　不僅空前，恐亦絕後。（陳寅恪《論韓愈》貶之者，
　　認爲韓愈詩是押韻之文，於詩無所解。）

❶ 退之於詩，本無解處。以才高而好耳。（陳師道《後
　　山詩話》）

❷ 退之以文爲詩，子膽以詩爲詞，如教坊雷大使之舞，
　　雖極天下之工，要非本色。（陳師道《後山詩話》）

❸ 詩文各有體，<u>韓</u>以文爲詩，<u>杜</u>以詩爲文，故不工爾。
（ <u>陳師道</u>《後山詩話》引<u>黃庭堅</u>語。）

❹ <u>退之</u>詩，押韻之文耳。 雖健美富贍，然終不是詩。
（<u>惠洪</u>《冷齋夜話》引<u>沈括</u>語）

❺ 若<u>退之</u>以險韻，奇字，古句，方言矜其餖飣之巧，巧
誠巧矣，而於心情興會，一無所涉。適可爲酒令而已。
（<u>王世貞</u>《藝苑卮言》）

　　歷代對<u>韓</u>詩的褒貶，仁智互見。褒者以爲<u>韓</u>詩超過<u>杜</u>
詩，貶者認爲<u>韓愈</u>根本不懂詩，這些顯然都是片面之詞，
沒有綜觀<u>韓愈</u>全部詩作，因此都不是公允的評價。倒是<u>張
戒</u>的《歲寒堂詩話》說得比較中肯。他說：

　　　<u>韓退之</u>詩，愛憎相半。愛者以爲雖<u>杜子美</u>亦
不及，不愛者以<u>退之</u>於詩本無所得，自<u>陳無己</u>輩
皆有 此論。然二家之論俱過矣。以爲<u>子美</u>亦不
及者固非，以爲<u>退之</u>於詩本無所得者，談何容易
邪？<u>退之</u>詩，大抵才氣有餘，故能擒能縱，顛倒
崛奇，無施不可。放之則如長江大河，瀾翻洶湧，
滾滾不窮；收之則藏形匿影，乍出乍沒，姿態橫

生，變怪百出，可喜可愕，可畏可服也。

　　蘇 黃門子由有云：「唐人詩當推韓、杜。韓詩豪，杜詩雄，然杜之雄亦可兼韓之豪也。」此論得之。詩文字畫，大抵從胸臆中出，子美篤於忠義，深於經術，故其詩雄而正；李太白喜任俠，喜神仙，故其詩文有廊廟氣。退之詩正可以與太白爲敵，然二豪不並立，當屈退之第三。

　　另外詩人葉燮和趙翼二人，則對韓詩的繼往開來，承先啓後，給予高度的評價。
葉燮《原詩》（內篇上）說：

　　唐詩爲八代以來一大變，韓愈爲唐詩之一大變，其力大，其思雄，崛起特爲鼻祖。宋之蘇、梅、歐、蘇、王、黃，皆愈爲之發其端，可謂極盛；而俗儒且謂愈詩大變漢、魏，大變盛唐，格格而不許，何異居蚯蚓之穴，日聞其長鳴，聽洪鐘之響而怪之，竊竊然議之也！且愈豈不能擁其鼻、肖其物，而效俗儒爲建安、開、寶之詩乎哉？開、寶之詩，一時非不盛，遞至大曆、貞元、元

和之間，沿其影響字句者且百年，此百年之詩，其傳者已少殊尤出類之作，不傳者更可知矣。必待有人焉，起而拔之，則不得不改弦而更張之。

趙翼《甌北詩話》（卷三）說：

> 　　韓昌黎生平所心摹力追者，惟李 杜二公。顧李 杜之前，未有李 杜，故二公才氣橫恣，各開生面，遂獨有千古。至昌黎時，李 杜已在前，縱極力變化，終不能再辟一徑。惟少陵奇險處，尚有可推擴，故一眼覷定，欲從此闢山開道，自成一家。此昌黎注意所在也。然奇處亦自有得失。蓋少陵才思所到，偶然得之；而昌黎則專以此求勝，故時見斧鑿痕跡。有心與無心異也。其實昌黎自有本色，仍在文從字順中，自然雄厚博大，不可捉摸，不專以奇險見長。恐昌黎亦不自知，後人平心讀之自見。若徒以奇險求昌黎，轉失之矣。

平心論之，韓愈作詩勇於探索，他既肯努力向前人學習，又肯勇於創新。

他自己的詩，風骨峻嶒，腕力矯健，從杜甫鍛煉渾涵汪茫、千匯萬狀的現實主義寫作方法，從李白追蹤壯浪縱恣、擺去拘束的浪漫主義想像。闢山開道，自成一家，並且領導著一個重要的流派，這個流派裏有著孟郊、賈島、盧仝、李賀這樣一些優秀的詩人。同他在散文上竭力反對陳詞濫調一樣，他在詩歌上竭力反對陳言熟意，他在散文上創導的革新原則，同樣貫徹和應用在他的詩歌創作中。

他的詩作不僅有用險韻拗律奇典僻字寫成的篇什，也有用方言俗語寫成的通達平順的作品。在盛唐音韻鏗鏘、明麗天然的藝術作品之後，韓愈另闢蹊徑創造性地把散文和賦的藝術特點引進詩歌，有時在詩歌中注進長段的議論，有時在詩歌中將相類的名詞或動詞作連續的排列，以加強詩歌的藝術效果，這種「以文為詩」的創作方法，促使詩歌散文化，給詩歌帶來了新的創作天地。

他這種風格，對當時和後世詩人產生極大的影響，關於「以文為詩」，有好的一面，它可以使藝術表現，增加新的手段，使詩歌更可以自如地表達生活內容，少受限制。近人止水說：

　　"以文爲詩"，使韓愈詩歌的形式與内容很好地配合起來，表現作者磅礴的才氣和博洽的學識。詩人更以雄健的筆力驅使宇宙萬象、經史百家入詩中，造成宏偉奇詭的藝術風格。就這樣，韓愈和白居易、李賀等傑出的詩人，從不同的途徑，用他們自己大量的創作實踐，對唐詩進行改革，使它得以保持旺盛的生命力。唐代詩歌成爲我國詩歌藝術的一個高峰，韓愈"以文爲詩"的功勞是不可抹煞的。」（《韓愈詩選前言》）

但也有壞的一面，近人錢仲聯說：

　　韓愈的「以文爲詩」，其部分作品具有流暢平易的特點，與六朝以來浮艷萎靡的詩文形成鮮明的對照，也確實擴大了詩歌領域。但這種古文式的語言，當然有它的缺陷：其一，有些詩篇幾成押韻之文，特別是那些古文中常用的虛詞，出現在詩中，幾乎不像詩句；其次，有些詩長篇議論，用邏輯思維代替形象思維，顯然不符合寫詩規律，缺乏詩趣；其三，用辭賦家鋪張雕繪的手法作詩，鋪排堆砌，晦澀呆鈍，加上詰屈聲牙的

僻詞怪字，餖飣滿紙，這就損傷了詩的眞美和感染力。有些聯句，在險韻窄韻上逞奇鬥巧，幾近文字游戲。②

近人程千帆說：

> 以文爲詩，在宋代也發生還壞的影響。當時有些人用詩來講哲理，道學家邵雍的《伊川擊壤集》，在這一方面是有代表性的。在這樣一些作品中，形象性完全喪失了，它們不能算是詩，而只能算是口訣或歌括，讀起來眞是味同嚼蠟。③

總的來說，韓愈以文爲詩，以古文章法、語言、技巧來作詩，儘管還存在著這樣的缺點和不足，但在當時的歷史條件下，他敢於創新，敢於在詩歌領域中打破藝術上的常規，使得詩歌在表現藝術上增加新的手段，可以更加自如地表達生活內容，擴大詩歌的表現領域，這是應該充分肯定的。④

韓愈的詩，在宋詩的新面貌形成以前，似乎並沒有受到重視，但宋詩獨特的新風貌的形成和一些宋詩大家的出

現，都沒有離開韓詩對他們的熏陶浸潤。北宋詩人都學韓詩，這在當時就已形成一種不可逆轉的潮流，即使是有些曾經對韓詩表示過不滿的詩人，如蘇軾、黃庭堅等，也不由自主地沿著韓愈所開闢的道路前進。由此可見，韓詩對宋代詩人的影響是既深且大。⑤

第三節　韓詩對後代的影響

韓愈詩雄豪奇崛的藝術風格，以文為詩的寫作手法，開出唐詩新面貌，對當時和後代的詩歌創作產生了深遠的影響。今從三個方面加以闡述。

一、韓詩在中 晚唐的影響

韓愈崛起於中唐詩壇上，影響了一代詩風。皇甫湜是韓門弟子，作文寫詩好奇尚怪，瞿佑《歸田詩話》云：「湜與李翱皆從公學文，翱得公之正，湜得公之奇。」他的詩很少見，但從韓愈《陸渾山火一首和皇甫湜用其韻》、《讀皇甫湜公安園池詩書其後二首》可以想見湜詩的特點。韓愈也說：「皇甫作詩止睡昏，辭誇出真遂上焚。要余和增怪又煩，雖欲悔舌不可捫。」（《陸渾山火一首和皇甫湜用其韻》）正是指出了皇甫湜意奇語怪的特點。李賀曾受到韓愈的獎掖

和鼓勵，交游的朋友有不少是韓門弟子，如皇甫湜、張徹、沈亞之。他欽佩韓愈的文才，稱其詩文「筆補造化天無功」（《高軒過》）他用仿韓體寫作《高軒過》以答謝韓愈、皇甫湜造訪，此詩句法、氣勢、音調和韓詩均相彷彿。李賀「苦吟」的創作態度、獨闢蹊徑的創新精神，奇詭的詩風，顯然受到韓愈詩風的影響。吳闓生以為李賀的《春歸昌谷》、《昌谷詩》「學韓」，評論他的藝術淵源說：「昌谷詩上繼杜 韓（《李長吉詩評注》）近人錢鍾書也評他的《仁和里雜敘皇甫湜》、《贈陳商》「雅如杜 韓」，《春歸昌谷》「劇似昌黎五古整鍊之作。」（《談藝錄》）張籍與韓愈交往密切，《舊唐書‧韓愈傳》記韓愈與張籍友善事，云：「籍終成科第，榮於祿仕，後雖通貴，每退公之隙，則相與談讌。論文賦詩，如平昔焉。」文昌詩文風格深受韓愈的薰陶，時人號為「韓 張」（見張籍《祭退之》：「而後之學者，或號為韓 張。」）張籍詩「深秀古質」，（賀貽孫《詩伐》）韓愈評其詩風格為「古淡」，（《醉贈張秘書》）稱賞他的詩「詩文齊六經，端來問奇字，為我講形聲。」（《題張十八新居》）這些都可見出張籍與韓愈的詩歌創作聲氣相通之處。元和元年，張籍與韓愈、孟郊、張徹會合於京師，同作《會合聯句》，僻搜巧鍊，務為奇語。張籍《祭退之》、《夏

日可畏》等詩，極意鋪排，以文章氣勢、句法、章法行之於詩中，極類韓愈詩。張籍善於學習，能汲取各家之長處，擅長寫樂府詩，他向自己說：「學詩爲眾體，久乃溢笈囊。」⑥ 以致有人說他：「韓門諸君子，除張文昌另一種，自當別論。」⑦ 這正因爲他能詩備眾體的緣故。此外還有賈島之奇僻清峭，盧仝、馬異、劉叉之奇而怪，都受到過韓愈詩風的影響。這些人匯合在一起，結成著名的詩歌創作群體「韓孟詩派」，在中唐詩壇上爭奇鬥豔，爲唐代詩苑增添了耀眼的異卉奇葩。

晚唐時代，一般詩人才力薄弱，長於寫作律絕短什，只有杜牧和李商隱的詩歌創作或多或少地受到過韓愈的影響。杜牧很推重韓愈，在自己的詩作中經常提到他，如「杜詩韓筆愁來讀，似倩麻姑癢處搔。」⑧「李 杜浩泛泛，韓柳摩蒼蒼。」⑨ 談到韓文，也兼及韓詩。他的五言古詩如《感懷詩》、《杜秋娘詩》、《張好好詩》、《雪中書懷》諸作，都受到韓愈的影響。《感懷詩》，以議論爲詩；《杜秋娘詩》，用賦的手法寫成。《雪中書懷》，胡震亨認爲與韓愈《贈張道士》詩相彷彿，云：「並以排調語抒孤憤，意象如一，不知紫微有意祖述，抑或偶爾暗合也？」⑩ 繆鉞

在《樊川詩集注》的前言中曾對杜牧繼承韓愈詩風作過概述：「杜牧作古文是學韓愈的，他的古詩也汲取了韓詩的特長，善於敘事、抒情，甚至於發議論，氣格緊健，造句瘦勁，如《感懷詩》、《杜秋娘詩》、《張好好詩》、《雪中書懷》、《郡齋獨酌》等，都是典型的例子。」

李商隱詩風格奇詭密麗，似長吉處多，而集中之《韓碑》、《安平公》、《行次西郊一百韻》諸詩，可以見出仿韓之跡。許學夷《詩源辯體》評《韓碑》、《安平公》兩篇「稍類退之」，管世銘則以為《行次西郊一百韻》「當與《韓碑》兩大（並重之意）。」⑪ 而《韓碑》一詩尤工，馮浩編李商隱詩集，特地將這首詩置於卷首，以為壓卷之作，稱：「煌煌巨篇，定為弁冕全集。故首登之。」⑫ 宋宗元《网歸園唐詩箋》以為《韓碑》「詠韓詩便似韓筆」，確是精當的評論。屈復指出這首詩：「生硬中饒有古意，其似昌黎而清新過之。」⑬ 何焯認為《韓碑》可繼《石鼓歌》，與韓愈之《石鼓歌》魄力旗鼓相當。⑭ 管世銘則說：「李義山《韓碑》，語奇句重，追步退之。」⑮ 足見歷代評論家都很推重李商隱的《韓碑》，並指出它與韓愈詩的繼承關係。

二、韓愈詩在宋代的影響

　　隨著北宋詩文革新運動的興起和發展，韓愈詩在宋代得到充分的繼承和發揚，韓愈詩歌創作的許多特點，像追求「奇崛險怪」的藝術境界，「以文爲詩」和「以議論爲詩」的寫作技巧，都對瘦勁、曲折、深刻的宋詩獨特風格的形成產生過較大的影響。葉燮《原詩・內篇》說：「韓愈爲唐詩之一大變。其力大，其思雄，崛起特爲鼻祖。宋之蘇、梅、歐、蘇、王、黃，皆愈爲之發其端，可謂極盛。」陳衍《石遺室詩話》也說：「北宋人多學杜、韓，故工七言古者多。」今分述如下：

（一）蘇舜欽

　　蘇舜欽是北宋詩文革新運動的主將，歐陽修《六一詩話》評他的詩說：「子美筆力豪儁，以超邁橫絕爲奇。」《水谷夜行寄子美聖俞》：「子美氣尤雄，萬竅號一噫，有時肆顚狂，醉墨灑滂霈。譬如千里馬，已發不可殺。盈前盡珠璣，一一難揀汰。」又云：「蘇豪以氣轢，舉世徒驚駭。」可見蘇舜欽的詩歌近乎韓愈雄豪險怪的風格，但缺乏韓愈的才氣和筆力，顯得有點粗糙。他的《對酒》詩，宣泄詩人的不滿情緒，雄豪恣肆；《松江長橋未明觀漁》，造語新奇。

奔放豪健；《吳越大旱》，誇張鋪陳，有<u>韓愈</u>"橫語盤空"之氣格。<u>子美</u>詩胎息於<u>昌黎</u>詩的例子很多，不一一臚舉。

（二）<u>梅堯臣</u>

<u>梅堯臣</u>是<u>北宋</u>詩文革新運動中又一位主將，他與<u>蘇舜欽</u>齊名，人稱「<u>梅蘇</u>」。他在自己的詩中表達了對<u>韓愈</u>的讚美和推崇：「文章革浮澆，近世無如<u>韓</u>。健筆走霹靂，龍蛇奮潛蟠。」（《依韻和王平甫見寄》）「既觀坐長嘆，復想<u>李杜韓</u>。願執戈與戟，生死事將壇。」（《讀邵不疑學士卷杜挺之忽來因出示之且伏高致輒書一時之語以奉呈》）<u>梅</u>氏寫詩重在「鑱刻」、「鍛鍊」，常用生僻的文字，造成拗峭的詩境，以求得雄健之美。<u>歐陽修</u>評他的詩風為「古硬」（見《水谷水行寄子美聖俞》），所謂「古硬」就是仿效<u>韓愈</u>詩的風格，如《僑居御橋南夜聞袄鳥鳴效昌黎體》、《觀楊之美畫》。他也有一些詩學<u>韓愈</u>「以醜為美」的創作傾向，故意不避惡俗，描寫一些瑣碎醜惡的事物，如《捫蝨得蚤》、《八月九日晨興如廁有鴉承蛆》。然而，<u>梅堯臣</u>的詩，另有窮愁感憤、清切寒苦的一面，更多地接近<u>孟郊</u>。他也自比<u>孟郊</u>，《依韻和永叔澄心堂紙答劉原甫》：「<u>石</u>君<u>蘇</u>君比<u>盧</u> <u>籍</u>，以我待<u>郊</u>嗟困摧。」

（三）歐陽修

　　歐陽修是北宋詩文革新運動的領袖。他不只是一位古文家，也是一位詩人。宋代古文運動以「尊韓」爲行動綱領，歐陽修也以繼承和發展韓愈的道統、文統自任。他既愛好韓文，也愛好韓詩，《六一詩話》裡記錄了他對韓詩喜愛和推重的言論。《讀〈蟠檬桃詩〉寄子美詩》說：

> 韓孟於文詞，兩雄力相當。篇章綴談笑，
> 雷電擊幽荒。眾鳥誰敢賀，鳴鳳呼其皇。
> 孟窮苦累累，韓富浩穰穰。窮者啄其精，
> 富者爛文章。發生一爲宮，摯斂一爲商。
> 二律雖不同，合奏乃鏘鏘。天之產奇怪，
> 稀世不可常。

歐公用形象化的語言，準確地論述韓愈和孟郊詩歌藝術風格的特徵，推崇備至。他著意學習韓愈詩歌的藝術風格和表現手法。陳善曾指出：「歐公遂每每效其體（指韓愈之《赤藤杖歌》）作《菱溪大石》云：（詩略）觀其立意，故欲追倣韓作。然頗覺煩冗，不善韓歌爲渾成爾。公又有《石篆》詩、《紫石硯屏歌》、《吳學士石屏歌》，此三篇亦前詩之意也，

其法蓋出於退之。」⑯ 胡應麟也說：「（歐陽修）《滄浪篇》、《詠雪行》，體製稍合，然亦退之後塵。」又論歐陽修與范仲淹、滕宗諒同作之《劍聯句》、《鶴聯句》，云：精鍊奇警，殊不在退之、東野下。」「兩詩皆祖韓昌黎，前篇用《鬥雞》體，後篇用《石鼎》體，豪勁偉麗，幾欲亂真。」⑰ 歐陽修對韓愈詩「以文爲詩」的寫作特點體察更深，因此常常在自己的詩作中加以運用，如《明妃曲和王介甫作》：

> 胡人以鞍馬爲家。射獵爲俗。
>
> 泉甘草美無常處，鳥驚獸駭爭馳逐。
>
> 誰將漢女嫁胡兒，風沙無情貌如玉。
>
> 身行不遇中國人，馬上自作思歸曲。
>
> 推手爲琵卻手琶，胡人共聽亦咨嗟。
>
> 玉顏流落死天涯，琵琶卻傳來漢家。
>
> 漢宮爭按新聲譜，遺深已深聲更苦。
>
> 纖纖女手生洞房，學得琵琶不下堂。
>
> 不識黃雲出塞路，豈知此聲能斷腸。

此外如《水谷夜行寄子美聖俞》、《感二子》等，以散文的筆調敘事、寫景、議論，舒徐敷陳。喻象迭見，妙趣橫生，

以文爲詩，以議論爲詩，很有特色。《讀徂徠集》、《青松贈林子》、《菱溪大石》諸詩，更增加議論的成分。由於歐陽修以一代文壇宗主的地位和身分推崇韓愈詩，開啓了北宋詩壇「宗韓」的風氣，這對宋詩總體風格的形成，無疑地起著促進作用。後代詩論家多注意到歐陽修和韓愈的淵源關係，張戒說：「歐陽之詩學退之，又學李太白。」⑱ 胡應麟論述宋詩人學唐詩時說：「學韓退之者，歐陽永叔。」⑲ 吳之振說：「其詩如昌黎，以氣格爲主，昌黎時出排奡之句，文忠一歸於敷愉，略與其文相似也。」⑳ 劉熙載也說：「東坡謂歐陽公『論大道似韓愈，詩賦似李白』。然試以歐詩觀之，雖曰似李，其刻意形容處，實於韓爲逼近耳。」㉑ 然而近人李詳的評說，很值得重視，他在《韓詩萃精》序中指出：「宋歐陽永叔稍學公詩，而微顯冗長，無遒麗奇警之語。」揭出歐陽修學韓之不足處，誠乃精闢之見解。

（四）蘇軾

宋代大文學家蘇軾也受韓愈詩風的影響。李詳《韓詩精萃》序：「東坡以豪字概公，雖能造句，而不能緯以事實，如水中著鹽，消觸無跡。」蘇軾是非常嚮往韓愈詩歌那種雄豪美態。在蘇軾集中，摹韓之作頗多，《鳳翔八觀·石鼓詩》

飛動奇蹤，格調俊逸，有不可一世之概，顯然是追蹤韓愈的
《石鼓歌》，方東樹評云：「韓、蘇《石鼓》，自然奇偉。‥‥
以余較之，坡《石鼓》不如韓。」② 紀昀則以爲「精悍之
氣殆駕昌黎而上之。」㉓ 蘇軾有《雲龍山觀燒得雲字》詩，
描寫自己觀看多日山火的情景。瞿佑《歸田詩話》在評論韓
愈《陸渾山火一首和皇甫湜用其韻》時說：「東坡有《雲龍
山火詩》亦步驟此體，然用意措辭，皆不逮也。」蘇軾不逮
處，乃在造語險怪上，這恰恰正是蘇軾學韓而力避語言艱澀
的表現。蘇軾有時也在語言上模仿韓詩，他的《鐵柱杖》，
胡仔以爲出自韓愈《赤藤杖》，「皆用退之詩也。」㉔ 以
上談的是蘇軾摹韓的具體作品。而蘇軾接受韓愈詩風影響主
要表現在三個方面；一是題材內容的豐富性和多樣性。蘇軾
寫詩仿效韓愈，極大地開拓詩歌的表現領域，誠如葉燮所說
的那樣：「如蘇軾之詩，其境界皆開闢古今之所未有，天地
萬物，嬉笑怒罵，無不鼓舞於筆端，而適如其意之所欲出。
此韓愈後之一大變也，而盛極矣。」㉕ 二是以文爲詩的寫
作手法。韓愈寫詩，融會詩歌與古文、賦等體式的寫作方法，
豐富了詩歌藝術的表現技巧。蘇軾繼承並發展了這種創作特
色，如《鳳翔八觀‧李氏園》、《甘露寺》、《和子由聞子
瞻將如終南山太平宮溪堂讀書》諸詩，都體現了這種特色。

趙翼說：「以文爲詩，自昌黎始，至東坡蓋大放厥詞，別開
生面，成一代大觀。」㊱ 蘇軾甚至還將這種寫作手法推向
詞的寫作，獨創「以文爲詞」的創作特色，極大地拓展了詞
的表現功能，給予南宋豪放派詞人辛棄疾、劉克莊、劉辰翁
等以深遠的影響。三是談笑諧謔的筆調。韓愈寫過不少談笑
諧謔的詩篇，如《嘲鼾睡》、《寄盧仝》、《病中贈張十八》、
《月蝕詩效玉川子作》，對友人，表達出幽默風趣；對醜惡
事物，則是尖銳的諷刺和嘲笑。蘇軾生性風趣，效法韓愈，
也常寫一些幽默戲謔的詩，如《戲子由》。以詼諧的筆調，
寫出蘇轍任學官時的清苦生活。《寄吳德仁兼簡陳季常》，
寫陳慥懼怕妻子的神態，滑稽可笑。《梅聖俞詩集》中有《毛
長官者今於潛令國華也聖俞沒十五年而君猶爲令捕蝗至其
邑作詩戲之》：「詩翁憔悴老一官，厭見首蓿堆青盤。歸來
羞澀對妻子，自比鮎魚緣竹竿。今君滯留生二毛，能聽衙鼓
眠黃紬。更將嘲笑調朋友，人道彌猴騎土牛。」用俳諧體描
寫毛國華沉淪下僚的情景，寄以深切的同情。蘇軾對韓愈詩
的評價是非常客觀的，也是很正確的，他既充分肯定韓愈詩
獨特的美學特徵以及它在中國詩史上的地位，也指出了昌黎
詩的不足。蘇軾比較陶、韋、韓、柳四家詩，說：「柳子厚
詩在陶淵明下，韋蘇州上。退之豪放奇險則過之，而溫麗靖

深不及也。」㉗ 又說：「書之美者，莫如顏魯公，然書法
之壞，自魯公始。詩之美者，莫如韓退之，然詩歌之變，自
退之始。」㉘ 韓愈始變詩格，對中國詩歌發展作出有益的
貢獻，這與葉燮《原詩》的觀點是一致的。然而蘇軾將「詩
格之變」與「書法之壞」對舉，也有貶抑之意，他看到了韓
愈詩對後代帶來了不良影響。蘇軾正是在這種觀念的指導
下，區別對待韓愈詩的短長，揚其長而避其短，「蘇軾繼承
了韓詩的豪放奇崛，摒除其艱澀苦僻，轉益多師，形成了自
己豪放的詩歌風格。」㉙

（五）王安石

陳衍說：「蓋荊公詩亦學韓，間規及杜也。」（《石遺
室詩話》）近人夏敬觀也指出：「宋人學退之詩者，以王荊
公為最，王逢原（令）長篇亦有其筆。歐陽永叔、梅聖俞亦
頗效之，諸公皆有變化，不若荊公之專一也。」（《唐詩說·
說韓愈》）可見王安石確也受韓愈的影響，如《明妃曲二首》，
以議論入詩，《酬王詹叔奉使江東訪茶法利害見寄》，運古
文句法入詩；《讀墨詩》脫胎於韓詩，李壁注云：「友人宜
黃李郪嘗云：介父《讀墨詩》，終篇皆如散文，但加押韻爾。
意以為詩益散，古無此體，然如韓公《謝自然》、《誰氏子》，

詩已如此。」㉚ 蔡絛《西清詩話》指出荊公詩「恩從隗始詫燕台」句，出自韓愈《鬥雞聯句》「感恩慚隗始」，胡仔指出荊公《春日絕句》「晴日蒸紅出小桃」，出自退之《桃源圖詩》「川原遠近蒸紅霞」。㉛

（六）黃庭堅

　　江西詩派創始人黃庭堅作詩以杜甫為宗，這是人所共知的，而李詳《韓詩萃精》序卻指出：「黃魯直於公師其六七，學杜者二三，舉世相承，謂黃學杜。起山谷而問之，果宗杜耶？抑宗韓也？悠悠千古，誰能喻之？」又《王直方詩話》云：「洪龜父言山谷於退之詩少所許可。」胡仔以為這則記載是可以信從的，因為「龜父乃魯直之甥，其言有自來矣。」㉜ 儘管黃庭堅對韓愈詩「少所許可」，僅僅提到《南溪始泛》一詩，但是黃庭堅"務去陳言"的詩歌主張，「瘦硬」的詩歌風格，打破五七言詩的固有句法，寫出散文化的詩句，這些都表露出山谷詩受韓愈詩風影響的跡象。如《觀伯時畫馬禮部試院作》：「儀鸞供帳饕蝨行，翰林濕薪爆竹聲。風簾官燭淚縱橫。木穿石盤未渠透，坐窗不遨令人瘦，貧馬百蹴逢一豆。」《題竹石牧牛圖》：「石吾甚愛之，勿遣牛礪角。牛礪角尚可，牛鬥殘我竹。」《和文潛贈無咎》：「本

心如日月，利欲食之既。」《王聖涂二亭歌》：「絕去藪澤之羅兮，官於落羽。」《岩下放言五首》（其五）：「蒼苔枯木，相依澗壑之濱；黃葛女夢，自致風雲之上。」故朱彝尊評山谷詩說：「涪氏厭格近體之平熟，務去陳言，力盤硬語。」㉝「硬語盤空」便是韓愈詩的語言風格。徐嘉也有類似的評說：「元祐四學士，涪翁才高逸塵，瑰瑋妙當世，瘦硬彌近神。」㉞ 方東樹《昭昧詹言》則以爲山谷「於音節尤別創一種兀傲奇崛之響，其神氣而隨此以見。」黃庭堅力去陳言，喜用奇僻的造語和拗峭的句法，追求奇警的詩境，形成「瘦硬」「奇崛」的詩歌風格。便是他「宗韓」的結果。方東樹說：「韓公與山谷詩，如制毒龍，斂其爪牙橫氣於盂缽之中，折遏閟藏，不使外露，而時不可掩。」㉟ 同是江西詩派的陳師道更主張學杜要由學韓愈、黃庭堅入手，他說：「然學者先黃後韓，不由黃、韓而爲老杜，則失之拙易矣。」㊱ 方、陳兩氏清楚地揭示了韓、黃詩歌創作上的淵源關係和共通之處。

（七）陳師道

　　江西詩派「三宗」之一的陳師道，其詩風也以「瘦硬」著稱，與黃庭堅相彷彿。方回說：「後山詩瘦鐵屈蟠。」㊲

袁枚也說：「黃、陳瘦硬。」㊳ 這種詩風從韓詩來。陳師道曾從蘇軾學詩，頗喜韓詩，稱賞韓愈的《秋懷》、《別元協律》、《南溪始泛》諸詩「皆爲佳作」，（見《後山詩話》）。他的《贈二蘇公》詩，句法學韓愈《陸渾山火一首和皇甫湜用其韻》。紀昀評後山詩云：「七言多效昌黎，而間雜以涪翁之格，語健而不免粗，氣勁而不免直，喜以折拗爲長，而不免少開合變動之妙。」㊴ 評韓愈、黃庭堅和陳師道之繼承關係，說得很明白，評陳師道詩歌之短長也頗中肯綮。

三、韓愈詩在明、清、近代的影響

　　明、清、近代，受韓愈詩風的影響較大的是晚明的竟陵派和清代 鄭珍、近代宗宋派「同 光體」詩人。

　　晚明時代，竟陵人鍾惺、譚元春編選《詩歸》，宣揚自己的詩學觀點，以鍾、譚爲代表的竟陵派，因此而成爲風靡一時的文學流派。他們的主張力矯公安派之弊，針對公安派創作的俚俗、淺露、空疏，提出了「幽深孤峭」的審美追求，錢謙益曾對竟陵派的審美宗尚作過如下的概括：

　　　　其所謂幽深孤峭者。如木客之清吟，如幽獨君

之冥語，如夢入鼠穴，如幻而之鬼國。浸淫三十餘
年，風移俗易，滔滔不返，余嘗論近代之詩：扶摘
洗削，以淒聲寒魄為致，此鬼趣也；尖新割剝，以
音促節為能，此兵象也。著見文章而國運從之，豈
亦《五律志》所謂「詩妖」者乎？⑳

錢氏很不贊成這種創作宗旨，甚至斥之為「詩妖」，但他對
竟陵派詩風的概括，是相當準確的。鍾、譚追求「幽深孤峭」
的詩境，與韓 孟詩派「骨重神寒」的藝術追求是一致的，
如鍾惺的《西陵峽》：

> 過此即大江，峽亦終於此。前途豈不夷，
>
> 未達一間耳。闖入大都城，而門不容軌。
>
> 虎方錯其牙，黃牛喘未已。舟進郤湍中，
>
> 如狼疐其尾。當其險夷交，跳伏正相踦。
>
> 回首黃陵沒，此身才出軌。不知何心魂，
>
> 禁此七百里。夢者入鐵圍，醒猶忘在幾。
>
> 棘此歷奇奧，得悟垂堂理。

譚元春的《觀裂帛湖》：

> 荇藻蘊水天，湖以潭為質。龍雨眠一湫，

畏人多自匿。百怪靡不爲，喁喁如魚濕。

波眼各自吹，肯同衆流急？注目不暫舍，

神膚凝爲一。森哉發元化，吾見眞宰滴。

前詩用生澀奇僻的語言，創造出驚駭奇奧的境界；後詩寫環境幽僻，湖水寒冽，自身之形、神與周圍的景物融爲一體。綜而觀之，可見鍾、譚幽深荒寒之景象，得孟郊之趣；而生澀之語言、奇崛之詩境，則得韓愈之神。

　　清代後期和近代，詩歌創作約可分爲兩派，一派主清蒼幽峭，一派主生澀奧衍。陳衍《石遺室詩話》卷三曾對此作過分析：

　　　　其一派澀奧衍，自《急就章》、《鼓吹詞》、《饒歌十八首》以下逮韓愈、孟郊、樊宗師、盧仝、李賀、黃庭堅、薛季宣、謝翶、楊維楨、倪元璐、黃道周之倫，皆所取法。語必驚人，字忌習見。鄭子尹珍之《巢經巢詩鈔》，爲其弁冕，莫子偲促羽翼之。近日沈乙庵、陳散原，實其流派。而散原奇字，乙庵益以僻典，又少異焉，其餘詩亦不盡然也。

清代後期曾興起過「宋詩運動」，程恩澤、祁嶲藻、曾國藩、施山、莫友芝等人都推重宋詩，而最有成就的是鄭珍。鄭珍字子尹，貴州 遵義人，一生窮愁潦倒，有《巢經巢全集》。他的詩學韓愈，陳衍評其《正月陪黎雪樓舅遊碧霄洞作》說：「效昌黎《南山》而變化之。」④ 稍後出現了以陳三立爲代表的宋詩派「同 光體」陳三立字伯嚴，號散原老人，有《散原精舍詩》。他宗法韓、黃，避熟、俗而力求生新。他對韓愈和黃庭堅的詩是很推崇的，《樊山示疊韻論詩二律聊綴所觸以極》：「愈後誰揚摩刃手，鼎來倘解說詩頤。」「昔賢自負元和腳，微笑爭居巨輞麟。」《爲濮河青士觀察文題山谷老人盡牘卷子》：「我誦涪翁詩，奧瑩出嫵媚。冥搜貫萬象，往往天機備。世儒苦澀硬，了未省初意。粗跡撏毛皮，後生渺津一逮。」散原的詩重在「鑱刻」功夫，「意主澀主奧，辭主硬主詭，較之宋代的江西派詩人，有過之而無不及。」④ 他的《園居看微雪》：「初歲仍微雪，園亭意颯然。高枝噤鵲語，欹石活蝸涎。凍壓千街靜，愁明萬象前。飄窗接梅蕊，零亂不成妍。」其他如《九江江樓別益齋》：「掛眼青冥移雁驚，撐腸秘怪鬥蛟螭。」《靄園夜集》：「江聲推不去，攜客滿山堂。」都能見出散原詩的風格特徵。

【註　釋】

① 韓　孟詩派，見第三章《韓愈詩的題材》。

② 《韓昌黎詩集繫年集釋》。

③ 程千帆詩論選集《韓愈以文爲詩說》。

④ 錢冬父《韓愈》。

⑤ 同 ③ 。

⑥ 《祭退之》，《全唐詩》卷 383。

⑦ 翁方綱《石淵詩話》卷二。

⑧ 杜牧《讀韓杜集》。

⑨ 杜牧《冬至日寄小姪阿宜詩》。

⑩ 《唐音癸籤》卷十一。

⑪ 管世銘《讀雪山房唐詩序例·五言凡例》。

⑫ 馮浩《玉谿生詩集箋注》卷一。

⑬ 屈復《玉谿生詩意》。

⑭ 沈厚塽《李義山詩輯評》卷上引。

⑮ 同註 ⑪《七古凡例》。

⑯ 陳善《捫虱詩話》卷七。

⑰ 胡應麟《詩藪·外篇》卷五。

⑱ <u>張戒</u>《歲寒堂詩話》。

⑲ 同註 ⑰ 。

⑳ <u>吳之振</u>《宋詩鈔》《歐陽文忠詩鈔》。

㉑《藝概・詩概》。

㉒《昭昧詹言》。

㉓《紀評蘇詩》卷四。

㉔《茗溪漁隱叢話前集》卷十八。

㉕《原詩・內篇》。

㉖《甌北詩話》卷五。

㉗ <u>蘇軾</u>《東坡題跋》卷二。

㉘《茗溪漁叢話前集》卷十七。

㉙ <u>蕭占鵬</u>《韓孟詩派研究》。

㉚ <u>李壁</u>《王荊文公詩箋注》卷六。

㉛ <u>胡仔</u>《茗溪漁隱叢話》卷三十五。

㉜ 同上卷十八。

㉝ <u>朱彝尊</u>《石園集序》，《曝書亭文集》卷三十八。

㉞ <u>徐嘉</u>《題蘇門六君子詩文集擬顏延年五君詠體豫章集》，《味靜齋集》「詩存」卷八。

㉟《昭昧詹言》卷十一。

㊱ <u>陳師道</u>《後山詩話》。

㊲　方回《瀛奎律髓》卷二十六。

㊳　袁枚《隨園詩話》卷五。

㊴　紀昀《陳後山詩鈔序》，《紀文達公遺集》卷九。

㊵　錢謙益《歷朝詩集・小傳》丁集。

㊶　陳衍《石遺室詩話》卷四。

㊷　同 ㉙ 。

參考書目

一　詩集

① 止水選注《韓愈詩選》，香港・三聯書店，1983。

② 王軍選注《韓孟詩派選集》，北京・北京師範學院，1993。

③ 吳小平選析《韓孟詩派作品賞析》，廣西・廣西教育出版社，1990。

④ 屈守元、常思春主編《韓愈全集校注》，四川・四川大學出版社，1996。

⑤ 孫昌武《韓愈選集》，上海・上海古籍出版社，1996。

⑥ 曹寅等編、王全點校《全唐詩》，北京・中華書局，1960。

⑦ 陳邇冬《韓愈詩選》，北京・人民文學出版社，1984。

⑧ 湯貴仁《韓愈詩選注》，上海・上海古籍出版社，1984

⑨ 童第德注《韓集校詮》北京・中華書局，1986。

⑩ 劉耕路《韓愈及其作品》，吉林・人民出版社，1984。

⑪ 蕭滌非、程千凡等撰《唐詩鑑賞辭典》，上海・上海辭書出版社，1983。

⑫ 錢仲聯《韓昌黎詩繫年集釋》，上海・上海古籍出版社，1984。

⑬ 韓愈《韓昌黎集》，香港・商務書局，1973。

二　傳記

⑭ 何法周《韓愈新論》，河南・河南大學出版社，1988。

⑮ 吳文治《韓愈》，上海・上海古籍出版社，1991。

⑯ 前野直彬、齋藤義著，譚繼山編譯《韓愈》，台北・萬盛出版社，1983。

⑰ 陳新璋《韓愈傳》，廣東・廣東高等教育，1996。

⑱ 劉國盈《韓愈評傳》，北京・北京師範學院，1991。

⑲ 錢冬父《韓愈》，北京・中華書局，1980。

⑳ 羅聯添《韓愈》，台北・河洛出版社，1977。

三　詩話筆記

㉑ 唐・李肇《國史補》，上海・上海古籍出版社，1979。

㉒ 五代・王定保《唐摭言》，上海・上海古籍出版社，1978。

㉓ 五代・孫光憲《北夢瑣言》，北京・中華書局，1966。

㉔ 宋・王若虛《滹南詩話》，北京・人民文學出版社，1983。

㉕ 宋・王讜撰《唐語林校證》，北京・中華書局，1987。

㉖ 宋・姜夔《白石詩說》，北京・人民文學出版社，1983。

㉗ 宋・洪邁《容齋隨筆》，上海・上海古籍出版社，1980。

㉘ 宋・胡仔《苕溪漁隱叢話》，北京・人民文學出版社，1984。

㉙ 宋・陳師道《後山詩話》台北・台灣商務出版社，1970。

㉚ 宋・歐陽修《六一詩話》，北京・人民文學出版社，1983。

㉛ 宋・魏慶之《詩人玉屑》，台北・世界書局，1983。

㉜ 宋・嚴羽《滄浪詩話校釋》，北京・人民文學出版社，1982。

㉝ 元・方回《瀛奎律髓》，台北・中華書苑，1965。

㉞ 元・辛文房《唐才子傳》，台北・金楓出版社，1987。

㉟ 元・傅琮璇主編《唐才子傳校箋》，北京・中華書局，1989。

㊱ 明・田汝成《留青日札》，上海・上海古籍出版社，1963。

㊲ 明・胡震亨《唐音癸籤》，上海・上海古籍出版社，1981。

㊳ 明・胡應麟《詩藪》，上海・上海古籍出版社，1979。

㊴ 明・鍾惺、譚元春《唐詩歸》，台北・台灣商務印書館，1980。

㊵ 清・方東樹《昭昧詹言》，北京・人民文學出版社，1984。

㊶ 清・王鳴盛《蛾術編》，北京・中華書局，1968。

㊷ 清・何義門《義門讀書記》，北京・中華書局，1958。

㊸ 清・沈德潛《說詩晬語》，北京・人民文學出版社，1979。

㊹ 清・洪亮吉《北江詩話》，北京・人民文學出版社，1983。

㊺ 清・翁方綱《石洲詩話》，北京・人民文學出版社，1981。

㊻ 清・袁枚《隨園詩話》，北京・人民文學出版社，1982。

㊼ 清・葉燮《原詩》，北京・人民文學出版社，1979。

㊽ 清・趙翼《甌北詩話》，北京・人民文學出版社，1979

㊾ 清・薛雪《一瓢詩話》，北京・人民文學出版社，1979。

㊿ 丁福保輯《清詩話》，上海・上海古籍出版社，1978。

(51) 丁福保輯《歷代詩話續編》，北京・中華書局，1983。

㊿ 何文煥輯《歷代詩話》，北京・中華書局，1981。

㊿ 吳文治《韓愈資料彙編》，北京・中華書局，1984。

㊿ 吳企明《李賀資料彙編》，北京・中華書局，1994。

㊿ 郭紹虞輯《宋詩話輯佚》，台北・河洛出版社，1977。

㊿ 郭紹虞輯《清詩話續編》，上海・上海古籍出版社，
1983。

四　近人專著

㊿ 王明居《唐詩風格美新探》，北京・中國文聯出版社，
1987

㊿ 王錫九《唐代的七言古詩》，南京・江蘇教育出版社，
1991。

㊿ 艾治平《古典詩詞藝術探幽》，湖南・湖南人民出版社，
1981。

㊿ 吳傳之《中國古代詩藝綜觀》，四川・巴蜀書社，1993。

㊿ 李卓藩《李賀詩新探》，台北・文史哲出版社，1996。

㊿ 李詳《李審言文集》，南京・江蘇古籍出版社，1989。

⑥ 金啓華《詩詞論叢》，湖北‧湖北人民出版社，1984。

⑥ 夏敬觀《唐詩說》，台北‧河洛出版社，1975。

⑥ 袁行霈《中國詩歌藝術研究》，北京‧北京大學出版社，1987。

⑥ 張伯偉編《程千帆詩論選集》，山西‧人民出版社，1990。

⑥ 張師仁青《唐詩采珍》，高雄‧前程出版社，1991。

⑥ 郭揚《唐詩學引論》，廣西‧廣西人民出版社，1989。

⑥ 陳伯海、朱易安《唐詩書錄》，山東‧山東齊魯書社，1988。

⑦ 陳伯海《唐詩學引論》，上海‧上海知識出版社，1988。

⑦ 陳抗、林滄等主編《全唐詩索引‧韓愈》，北京‧中華書局，1992。

⑦ 陳貽焮《唐詩論叢》，湖南‧湖南人民出版社，1980。

⑦ 陳銘《唐詩美學論稿》，河南‧中州古籍出版社，1987

⑦ 喬力編《唐詩精華分卷》，北京‧朝華出版社，1991。

⑦ 程學恂《韓詩臆說》，台北‧商務印書館，1970。

⑦ 黃永武《中國詩學‧考據篇》，台北‧台灣巨流圖書公司，1977。

⑦ 黃永武《中國詩學‧思想篇》，台北‧台灣巨流圖書公

司，1979。

⑱ 黃永武《中國詩學‧設計篇》，台北‧台灣巨流圖書公司，1976。

⑲ 黃永武《中國詩學‧鑑賞篇》，台北‧台灣巨流圖書公司，1976。

⑳ 葛兆光《想象力的世界》，北京‧北京現代出版社，1990。

㉑ 劉中和《唐代文學全集》，台灣‧世界文物出版社，1979。

㉒ 劉曾遂《唐詩論稿》，杭州‧杭州大學出版社，1992

㉓ 劉開揚《唐詩論文集續集》，上海‧上海古籍出版社，1987。

㉔ 蕭占鵬《韓孟詩派研究》，台北‧文津出版社，1994。

㉕ 松林、林從龍主編《唐詩探勝》，中州‧中州古籍出版社，1984。

㉖ 羅宗強《隋唐五代文學思想史》，上海‧上海古籍出版社，1986。

五　文學史

㉗ 國文學史研究委員會《新編中國文學史》，台北‧台灣文復書店。

㉘ 中國文學史編寫組《中國文學史》北京‧人民文學出版社，1984。

(89) 李從軍《唐代文學演變史》，北京・人民文學出版社，1993。

(90) 李慶、武蓉《中國詩史漫筆》，山西・中國文聯出版公司，1988。

(91) 袁行霈編著《中國文學史綱要》，北京・北京大學出版社，1986。

(92) 張步雲《唐代詩歌》，安徽・教育出版社，1990。

(93) 許總《唐詩史》，江蘇・教育出版社，1994。

(94) 章培恆、駱玉明編著《中國文學史》，上海・復旦大學出版社，1996。

(95) 復旦大學中文系《中國文學史》，上海・中華書局，1959。

(96) 游國恩等主編《中國文學史》，北京・人民文學出版社，1979。

(97) 楊世明《唐詩史》，重慶・重慶出版社，1996。

(98) 劉大杰《中國文學發展史》，上海・上海古籍出版社，1982。

(99) 劉開揚《唐詩通論》，四川・人民出版社，1981。